AWAKENING TO THE DREAM

The Gift of Lucid Living

Leo Hartong

夢へと目覚める

明晰に生きることの贈り物

レオ・ハートン 著
古閑 博丈 訳

ナチュラルスピリット

Awakening to the Dream
by Leo Hartong

つぎの人たちに感謝をこめて

アラン・ワッツ――「禅の道」を示してくれたことに
ラメッシ・バルセカール――彼を通して「意識は語る」
ウェイン・リカーマン――理解から「私」を取り除いてくれたことに
トニー・パーソンズ――「ありのまま」に語っていることに
ネイサン・ギル――明晰でいるために時間を割いていることに
ジェー――とても有益な手直し、意見、フィードバックに
チャック・ヒリッグ――タイトルを思いつくきっかけをくれたことに
そして、あらゆる人々を通じて語る〈一なるもの〉に

空間と時間！　今や真実だと僕にはわかる、自分が察したこと、
あてもなく草原をさすらったときに察したこと、
ひとり寝床で横になりながら察したこと、
そしてまた朝の薄れゆく星々の下で海辺を歩きつつ察したことが。

ウォルト・ホイットマン（１８１９－１８９２）『僕自身の歌』

『夢へと目覚める』目次

＊本書の引用文は、既刊の邦訳本からの引用ではなく、本書訳者による訳文です。

トニー・パーソンズによる序文

本書『夢へと目覚める』は、叡智の表現と称する出版物が大量に溢れかえっている昨今、そうしたものには滅多に見られない明晰な認識と共に書かれている。

悟りに関するもっとも人気の高い教えの土台にあるのは、個別の人間なるものが存在しており、その個人が努力と浄化を通じて悟りと呼ばれる何かを自分の意志で獲得できるという誤った観念だ。言うまでもないが、どうにかして混乱に拍車をかけることで仕事からあぶれずにいることを何よりも優先して考えているグル型の人間にとって、そうした規範的で目的志向のアプローチは大きな魅力を持っている。だが非二元の認識に立つと、そうした活動に適切だと思える点はない。そしてレオ・ハートンは非二元の澄んだ青空からまっすぐに語りながら、優しく、それでいて妥協なしに、読者が自分本来の不変の本質を見ることができるよう導く。

本書はその意図するところを明確に説明する冒頭部分から上々の滑り出しを見せ、そして何かを間違いなくはっきりさせたいと思っている友人が、穏やかながらも情熱を持って書いた手紙を読んでいるかのような感覚が最後まで続く。神秘に関する自身の認識を伝えるとき、著者は自分の考えを示しながら、それと同時に伝統的書物や今の時代のものからの引用もいたるところに散りばめる。

簡単に言ってしまえば、探求の不在が今すでにあるものの不可思議さを明かすのであり、この単純で素晴らしい神秘を言葉で言い表すことは不可能なのだが、それでもレオと探検を共にするのは歓びだ。

トニー・パーソンズ
www.theopensecret.com

1　地球の端から落ちたらどうなる？

真の自分に目覚めれば何かが約束されるのだろうか？　目覚めによって、自分の人生を向上させるような何かが手に入るのだろうか？　目覚めることで、より良い人間、成功した人間になるのだろうか？　要するにこうだ。目覚めた人生を生きるとはどういうことなのか？

こうした問いは完璧に筋の通ったものに思えるし、探求をしていると繰り返し生じる。より良い人生への希望を中心的動機として探求に真剣に打ち込んでいる人は多い。ただ、こういった問いには問題があり、そのせいで正面からは答えられないものになっている。どういうことかと言えば、これらの問いは探求者が乗り越えようとしている制限された見方から出てきたものなのだ。まともな問いに聞こえるかもしれないが、こうした問いには本質的な欠陥がある。

具体的な例をあげてみよう。地球が球体だと知る以前は、「地球の端から落ちたらどうなるのか」という疑問はまったくおかしなものではなかった。だが現在の視点から見ると、この疑問は意味をなさない。古い時代に遡ったとしたら、容易には答えられず、地球は実際には球体だから端から落ちることなど不可能なのだと説明しなければならないだろう。当然ながら、そのような答えはこの疑問を抱いていた人の常識に反しているだろうし、その人は水平線を指差しながら、「地球の端ははっきりと見えているではないか」と言い張るはずだ。宇宙飛行士になったと思って宇宙から見ているところを想像してくれと頼んだとしても、それは本当の問題、つまり「地球の端から落ちたらどうなるのか」という問題を避けるための抽象的議論だと受け取られるのではないだろうか。ここまでの話を踏まえて、悟りから何を得られるかを伝えることにしよう。答えを聞いて最初は失望するかもしれないが、匙《さじ》を投げないでほしい。読み進めながら、失望が明確な理解に転じる地点にたどり着くかどうか、確かめてもらいたい。

では行こう。答えはこうだ。「悟りからは何も得られない。なぜなら悟りとは、悟ることのできる自分が存在しておらず、分離の感覚も個人として存在している感覚も幻だったとわかることだから」。この答えは直接の経験と合っていないのではないだろうか。人間はもっとも適応力の優れたものが生き残る進行中のプロセスの一部であって、つぎの世代に自分の遺伝子を伝えることに失敗すれば滅びるだけだと教わった人もいるかもしれない。もしくは、自分自身と生活環境を改善していくことが生きる秘訣だと信じている人もいるだろう。貧乏で腹を空かせた人であれば、頭上に屋根があり一日一度の食事ができたらそれで十分かもしれない。生存のための基本的要求が満たされた状態で生活できるほど幸運な人であれば、人間関係や物質や社会的地位を獲得することを通じて幸福と充足を求めている可能性が高い。

それでも十分ではない場合、「探求者」と呼ばれる存在になるかもしれない。探求者とは、永続する真の満足はいわゆる物質世界からは得られないと感じ、内なる次元を探ることで、平安、悟り、または自己認識を見出さなくてはならないと思っている人のことをいう。探求者として、もしかしたら心理療法、リバーシング、インナーチャイルドとの接触、過去生療法、ヨガ、超越瞑想、永続する充足と幸福に導くとされるさまざまなテクニックを試す人もいるのではないだろうか。そうした手法に取り組むことで、自分の人生が向上した、あるいは豊かになったと思えるような成果が実際に出ることもあるかもしれない。だがそのうちに、感じていたはずの幸福感が消えていっていることにたぶん気がつくだろう。経験も心の状態も必ず一時的なもので終わるのだと思い知らされる。この認識のあと、多くの探求者は自己認識や悟りのためのいわゆる非二元のアプローチを検討する。

非二元とは、いくつかの――そのほとんどが東洋の――流派を含んだ概括的な言葉で、この世のあらゆる経験と見かけ上の多様性に先立ちながらそれらを超えているひとつの源泉を指している。禅、アドヴァイタ、タオイズム、ゾクチェンといった非二元系の文書を読んでみると、自己認識で約束されているのは個別の自己や自我に関する思い込みから解放されることだけであるという主張に出会うだろう。それだけだ。幻想の脱落が今あるとおりのこれをただ明らかにするが、そのことはしばしばこんな言葉で要約される。「悟る前は、薪《まき》を割って、水を運べ。悟ったあとは、薪を割って、水を運べ」

自我が幻であるなどとはどうしても聞きたくない自我は、これをひとつの概念としてなら受け入れると言いつつも、実際にはずっと抵抗を続けながらそれを認めず、「アフター」の薪割りと水運びは「ビフォー」のときとはどこかが違うはずだという思い込みを絶対に捨てようとしない。そもそも得られることが何もないのなら、なぜわざわざ面倒なことに取り組むのか？　「動機づけをしてくれ」と自我は言う。「これを追い求めたくなるような動機を何か与えてほしい」と。

こうした発想は、何をする場合でも未来につながる目的を見つけるように条件付けられている我々にとっては、当然なものに思える。理屈から言えば、自分は存在しないと単に言葉で聞くだけでなく、何かが手に入らなければおかしいではないかということになる。そして、そう考える人々にとって、事態は一層悪いものとなる。悟りは、個としてのアイデンティティが幻であることを示すに留まらず、この創造全体の中心に途方もない無意味さがあることを明かすのだ。これは目標と未来を志向する精神には不条理に響く。それでも私はきっぱりと言う。この現象の意味は、この現象自体のほかには何もないのだと。
この認識は、精神が思い描く荒涼たるリアリティとはまったくかけ離れている。確かにこれは自我には一切役立たない。なぜならこれは自我からの自由に関することであって、自我のための自由とは関係ないからだ。最終的理解は探求の成果ではない。それは探求からの自由をもたらす。それは期待を満たすのではなく、期待から自由でいることだ。褒美が未来のどこかで待っているのではない。この明晰さそのものが褒美であることがわかる。白隠禅師《はくいんぜんじ》がこう叫んだように。

この地がまさに蓮華の世界であり、
この体がまさに仏の身である!

何も変わらないが、あらゆるものがその概念の枠から、そして生を枠にはめようとしていたその人から解き放たれる。生の新鮮さがはっきりと認識され、生の実在が了解され、生がひとつであることが理解される——ただし、それは誰の認識でもない。認識、了解、理解がただある。
この本の唯一の目的は、読む人に真のアイデンティティを思い出させることだ。自己改善ともさまざまな技法とも関係ない。もっとリラックスし、もっと思いやりを持ち、もっと充実を感じられるようになるための7つのステップはここには含まれていない。もしそうしたことを求めているのなら、そのニーズを満たしてくれる本や人は山ほど存在している。

だが、あなたが求めているのが真実なのだとしたら、自我や自己改善といった概念を超えたところ、理想とする心の状態を超えたところを見つめなければならない。この本が調べるのは――そして穴をあけようと試みるのは――自分は個別の存在であるという思い込みだ。この本が指し示そうとしているのは、すべてがそこから生じる源なき源だ。そしてこの本が求めるのは、自分がこの源であることを思い出すことだ。このことが認識され、真の自分とは何かがはっきりすると、あらゆるものが正確にあるべきとおりにあることがわかる。すべてが魔法のように正しい場所に収まるのではない。すでにそうなっているし、これまでもずっとそうだったのだ。

これは未来の目標に向かって徐々に進むことではなく、今あるものに徹底的に目覚めることに関係している。このことをはっきりさせる上で満たすべき条件は何もない。自己認識はいつでも誰にでも起こりえる。狡《ずる》くて非礼で短気な人物が真の自分とは何かを間違いなく知っていることもあれば、力が抜けていて親しみやすく楽しい人たちが、いわゆる悟りについては一度も考えたことがないということもありえる。落ち着き、気さくさ、愉快さが目覚めのあとの日常経験の一部になるかもしれないし、ならないかもしれないが、それと同時に、この明晰さは常にいい気分でいることには関係ないことが明白になるだろう。「準備ができた」状態になるために何かをする必要はない。それは勝手に起こり、そうすると、〈意識〉は完全にここにあること——そしてこれまでもずっとあったこと——が明らかになるはずだ。輝くときにそれは輝き、そしてそれによって注意は〈意識〉の内容から〈純粋意識〉そのものへ移ることになる。この〈純粋意識〉が真の自分だ。そんなことはないと考えているとしても、その考えは〈意識〉の一時的内容の一部であり、それが〈意識〉そのものに影響することはない。今あるとおりの自分でいればいい。気分を良くしたり悪くしたり腹を立てたり錯乱したりする許可を自分に与えよう。そのプロセスを見守りながら、内容に捕まらないようにする。あなた自身が、人生のドラマがそのなかでただ現れている制限を超えた場、〈純粋意識〉であることを知ろう。

私の場合、この理解が自分の探求の終わりを知らせ、人生をコントロールし自分を絶えず改善しようとする重荷から私を解放した。それが私を自由にしたわけではなく、自分が自由そのものであることを、それが示してくれたのだ。それは私に何も与えなかったが、「私」を取り去った。真の私とは、ずっと自分がそうだったもの、〈純粋意識〉だ。このことはあなたにも、猫にも、本にも、それ以外のどんなものにも当てはまる。思考意識から見ると、さまざまな対象が個別に存在しているように思えるが、実際にはあらゆるものが同じ本質から放射している。このことがわかってもわからなくても何も変わらない。すべては今あるようにただあり、それは私が予期していたよりもはるかに少なく、そして無限に多い。

2　誰がこの本を書いたのか

周囲の人たちからは、この本には私個人の履歴も書くべきだと、穏やかながらも粘り強く説得され続けた。私としてはあまり気が進まなかったのだが、それは個人のストーリーを肯定することは——このあとではっきりするように——本書の主張と矛盾しているからだ。それだけでなく、「私の目覚め」についての描写は「光で目がくらむ」と題した章にすでに書いていた。だが家人が言うには、それはその章の説明をわかりやすくするために書かれているだけであり、かつての私がこれが自分なのだと思っていた私の紹介にはなっていないということだった。ほぼいつでもそうなのだが、今回も彼女が正しかった。

私が今いるところからは、この見かけ上の個人のいくつもの異なった「来歴」となる線を、時空のなかに何本も引くことができる。そのすべてが等しく正確であり、不正確だ。すべては主観的で不完全だ。だが書き始めてしまった以上、この本の著者としての役割から外れない範囲で、背景となる情報を伝えることに努めたいと思う。だが私が実際の著者であるという主張は、本書が言わんとすることを否定している。このあと、この人間によって経験されたもろもろの非線形的な出来事について書かれた線形的記述を読み進めていく際には、この逆説のことを頭の片隅に置いておくようにしてもらいたい。

ともあれ、まずここで、アイルランド系の学者で哲学者だったウェイ・ウー・ウェイ（1895-1986）の言葉を紹介したい。ウェイ・ウー・ウェイは彼が作品を発表するときの筆名だったが、いずれにしても作品を書いたのは「彼」だと彼が一度も主張しなかったであろうことは間違いない。

トム、ディック、ハリーは、みずからの名を記した本は自分が著したのだと考えている（絵を描いたり、作曲したり、教会を建てたりした場合も同じだ）。だが彼らは誇張している。書いたのはペン、もしくは何か別の道具だ。そのペンを握っていたのは彼らではないか？　そうではあるが、ペンを握っていたその手もまた道具であって、その手を操っていた脳についても同じだ。そうしたものは媒介物、道具、単なる装置にすぎない。たとえ最高の道具であったとしても、トムやディックやハリーといった個人名は必要ない。

タージマハル、シャルトルの大聖堂、ランスの大聖堂、交響曲を思わせる幾多の大聖堂を建てた名も無き人々がそのことにもし気がついていたのだとしたら――そして道具としての自分を通じて創造された作品をみずからの作と考えるような無作法を慎んでいたとするならば――、通り過ぎていく形而上的概念を書き留める者が同様にそのことをわきまえていてもおかしくないのではなかろうか。

自分の話をすると、私は1948年10月にアムステルダムの貧しい夫婦のもとに生まれた。幼いころから、生にはスピリチュアルな次元が存在しているという考え方に私は慣れ親しんでいた。ただし、スピリチュアルとスピリチュアル以外という区別を現在の私はもうしていない。両親がつきあっていた人々のなかには、サイキック・ヒーラーや透視能力者もいた。手かざしの集まり、占い、「異世界」との接触を試みる降霊術もおこなわれていた。「スピリチュアル」な経験の一番古い記憶は、外がまだ明るいうちからベッドに寝かされていたほど幼い時期にまで遡る。カーテンは閉められていたが、そのれんが色の生地に印刷された銀色の薔薇の模様から光がベッドルームに漏れ入ってきて、何かの生き物が踊っているかのような幻影を壁に映し出していた。あるときには横になって眠らずに、天井と自分のあいだに何も存在しないことについて思いを巡らせた。そして、もし天井がそこになく、何にも邪魔されずに無に見入ることができたらどんな感じになるかを思い描こうとした。すぐに、このちょっとしたゲームをすると独特な精神状態になることに気づいた。「無」を想像することの不可能さに自分の精神を深く委ねていくと、奇妙ながらも心地良い感覚がやって来た。晴れた日に公園に行ったときには、私は寝転がって空を見つめながら、この「無」をつかもうとした。だがいつでも何か――鳥や雲や草――が視界に入ってきた。両目を閉じても無駄だった。というのは、渦巻き模様が網膜の上で踊っているような感じになり、どこかの時点でこのゲームを諦めなくてはならなかったからだ。

八歳のときに両親が離婚し、私は弟二人と一緒に母と暮らすことになった。その頃のオランダでは夫のいない女性はまともだとは思われていなかった。なかには助けようとしてくれた人たちもいたが、ほかの多くの人々――近所の人、学校の教師、社会保障局の役人――には非難されているような気分にさせられた。三人の子を育てるのは母にとってきついことだった。母はできるかぎりのことをしてくれたが、父は力を貸すのを渋った。

ある時点で我々はカトリックに改宗した。これは宗教に慰めを求めてのことだったが、教会から援助を得たいという動機も同様に大きかった。それは私にとっては組織的宗教との最初の衝突となって、私はかなり批判的な目を向けた。教会に通うのは嫌だったが、新たに入学したカトリック校で受けた宗教の授業に私は興味をかきたてられた。聖書からは魅惑的な物語が無限に出てくるように思えた。だが私は、詳しく知りたいと思って尋ねた質問が必ずしも歓迎されていないことにすぐに気づいた。アダムとイブの子どもたちは誰と結婚したのですか？　神が善なのだとしたら、不正義がこれほど横行しているのはなぜなのですか？　自分の定めた戒律に従わない人間が大勢いるからといって、なぜ愛の神は街をまるごと破壊するようなことができたのですか？　神はなぜ人々を地獄に送って永遠の業火で焼いたのですか？　聖書の物語のなかには象徴的なものもあるのだと教わることもあったが、聖書は書いてあるとおりに理解しなければならないと教師が力説することもあった。

もうひとつの謎は、金曜日に出される魚料理が明らかにご馳走だったにもかかわらず、断食として扱われていたことだ。金曜の昼食——白ワインも一緒に振る舞われた——は、我々の教区の司祭たちにとって一週間のハイライトだったのだ。

神の前ではすべての人が平等であると学んだのに、金持ち連中には柔らかい膝当てクッションのついた教会前列の特別席が確保されていた。すべてが紛《まぎ》らわしく思えて、答えよりも疑問の方が明らかに多かった。信仰について教わり始めるのが学校のほかの子どもたちよりも遅かったために、言われたことをそのまま受け入れるのが私の場合には難しかったのだと思う。このことが私を宗教的権威に懐疑的な探求者にした。

それでも、目に映っているよりも大きな意味が人生にはあるに違いないと私は信じていた。12歳になる前神の存在は信じていたが、神について教わったことを信じるのは無理だった。

に、ラジャ・ヨガの通信教育の広告を見つけた。母親を説得してコースに申し込み、郵便で定期的にレッスンを受けはじめた。講師は東洋研究の教授だった。教科書の内容のほとんどは自分の理解力を超えていたが、何かが私を続けさせた。神や〈自己〉、そして生全体に関するそれまで知らなかった言葉や考え方に出会い、それは学校で聞いていたことよりも真実であるように思えた。

もう少し学年が上がると、学業を続けるか就職するかを選ぶ時期が来た。どちらにも惹かれる感じはなかった。絵描きになるか、そうでなければ旅と探検の冒険人生を過ごしたかった。それは60年代のことで、私はハシシを吸うことを覚えた。当時はまだ未成年で、親が離婚した家庭の子どもたちを監視していた行政当局は、私を問題児のための政府施設に入れたほうがいいと判断した。よかれと思ってのことだったのは間違いないが、そのときの私はそうは考えなかった。

その施設で、私は車の窃盗や強盗やレイプといったもっと深刻な事件を起こして収容されていた子どもたちと仲間になった。私の場合は予防のために入れられたと言われたが、ほとんどの連中は懲罰として入所していた。それは私には公平とは思えず、「懲罰組」の一人と連れ立って脱走したが、その子は子どもなのに自分の腕ひとつで生きていた。彼は金庫の開け方を知っていて、私は物覚えのいい弟子だった。

私は路上で生活するようになった。ヨーロッパ中をヒッチハイクし、麻薬や注射を覚えた。最終的には幻覚剤――特にＬＳＤ――によって依存から脱し、もっと安定した状態に戻った。私は自然食を好むヒッピーになって、結婚し、最初の娘リーラが生まれた。読書や瞑想を再開し、神秘的なあれやこれやに没頭した。同世代の多くと同じように陸路でインドへ旅した。その旅路では新しい文化に出会い、本を読み、パーティーに行き、ヨガをした。といっても、霊性修行にあまり熱中しなかったことは言っておかなくてはならない。決まった先生はいなかった。アラン・ワッツの本が私の手本であり、大いに感化された。だが人生が真の師であって、私の探求の進み具合に合ったものごとが何であれ姿を現すことになった。ただし、当時の私はそのことに気づいていないことが多かった。

振り返ってみると、ときどき魔法の瞬間が起こって、この生きている実在があらゆるものとして公然と、そして同時にあらゆるものに隠れながら現れているのを自分がおぼろげに感じていたことに気づく。これが、ウェイ・ウー・ウェイやトニー・パーソンズといった何人かの人たちがこのことを「オープン・シークレット（公然の秘密）」と呼んだ理由だ。

この旅のあいだにはいわゆる神秘体験、至高体験も何度かあったが、結局のところ私に言えるのは、痛みと楽しみ、喪失と獲得、貧しいときと富めるとき、パーティーと牢獄、病院と健康があったということだけだ。白砂の海岸で絶望の瞬間があり、鉄格子の付いた寒くて湿った独房のなかで素晴らしい自由の瞬間があった。

こういったすべてを通り抜けているあいだ探求は続いたが、今にして思えば、探求中に起こったことのなかにそれ自体として目覚めに導くような作用や意味を持つものはなかった——探求を諦めることが探求の結果として起こったとするなら話は別だが。情報を集めて経験を重ねることが私の探求だったが、目覚めは概念と期待の脱落のなかで現れたし、今も絶えず現れている。この脱落はひとりでに起こったことで、自分個人の意志によって起こったわけではない。そのプロセスのなかで、この想像上の個人の物語もまた落ちて、こうして書いているときも、悟りという賞品は自分のものだ、あるいは自分がこの本を書いたなどと主張できる人はどこにも残っていない。この免責条項の意味がわかる人もいるのではないだろうか。今はわからないとしても、本を読み進めていけば明らかになるかもしれない。

3　川べりにて

　あなたもすでに向こうにいる。悟り、あるいは自己認識は、少数の選ばれた人のためにあるようなものではない。それはあなたの本質であり、たった今まさにここにあると本書は断言する。最初から読み進めるのがいいとは思うが、本書は悟りを開く方法を段階を追って教えるマニュアルではないし、そのようなものではありえない。それから、これは自己改善や知識の獲得についての本でもない。これは、実際は一度も忘れられていなかったことを思い出すという逆説に関する本だ。自分とは本当は誰か、何なのかということがテーマであり、どうあらねばな

らないか、どうなるべきかを説く本ではない。これを機織りとして、つまり概念的思考の領域を超えたところから輝いているものを指し示す概念を言葉を使って織ることとして考えることもできる。

さまざまな形でこの本が言おうとしているのは、「これがそれだ。あなたはそれだ」ということに尽きるし、それしか伝えていない。一度読んでそれだけで十分だとしたら素晴らしい。だが探求者であったり、このテーマに心底夢中になっていたりするのなら、この本にあるいろいろな表現を使って、悟り、自我、知性、身体、死、霊性修行、教師の立場、探求者としての自分のアイデンティティといったさまざまな観念や概念を通じて、このメッセージについて探っていくこともできる。本書は、我々の真の集合的アイデンティティという神秘を認識する（再び知る）ことの驚きについて、そして内なる宝庫を思い出す（再び加わる）ことについて語る。改宗させたり、古い思い込みや概念をまた別のものに置き換えたりすることは狙っていない。これは、私にはあってあなたにはないもの、私は知っていてあなたは知らないことに関する本ではない。本書が語っているのは〈純粋意識〉のことであり、それは結局のところ、存在するすべてだ。それはそのこと自体によって真実であり、それを認めていても認めていなくても、そして見かけの上で悟りを求めていても求めていなくても、あなたはそれなのだ。

この本は小さなひと押しになりえるし、適切な瞬間に届けられたとしたら、ひとつの雪玉が雪崩を引き起こすことがあるのと同じで、目覚めのきっかけになることもありえる。印刷機を専門とする熟練技術者に関するつぎの話は、この点を見事に説明している。

とある出版社には巨大な印刷機があって、それはその会社の事業には不可欠なものだった。ある日の朝、長年にわたって忠実に貢献を続けてきたその機械は始動するそぶりを見せなかった。社内の技術担当者たちが生き返らせようとやってみたが、うまくいかない。ついに諦めて、国の反対側に住んでいる専門家に連絡をとった。翌日の夕方、その人がやって来た。作業に取り掛かるには時間が遅かったため、その日はホテルに泊まることになった。

朝一番に彼は出版社に工具一式を持っていき、現場でうんともすんとも言わない機械を見せられた。印刷機の回りを歩き、いくつかの検査をして、どこにも悪いところがないことを確かめたが、一点だけ気づいたのは、長期にわたって振動し続けたせいで印刷機が水平ではなくなっていて、そのために始動が妨げられているということだった。彼はちょっとした測定をしてから工具入れを開け、くさびを取り出し、床と機械の隙間のどこにくさびを打つべきか、正確な場所を定めた。そうしてから金槌でくさびを何度か巧みに打ち込み、スイッチを入れると、印刷機はたちまち息を吹き返した。会社はすぐに直ったことに大喜びしたが、代金の２７００ドルは高すぎると考えた。説明を求められたその熟練技術者は、請求の内訳をこのように示した。

航空券代／４５０ドル
食事及び宿泊代／１５０ドル
日当／90ドル
水平にするためのくさび代／10ドル
そして最後に
くさびをどこにどう打つべきかの知識代／２０００ドル

この本はこれと同じくさびになりえる。何も修理する必要はない。あなたは今あるままで完全だ。この理解が（再び）活性化するかどうかは、自分自身と「水平をとる」のに適した瞬間かどうかによってのみ決まる。東洋では、そのように機が熟したときにグルが現れるとされている。これは必ずしも、晴れた朝に玄関の呼び鈴が鳴り、出てみるとそこに賢者が立っていて、「やあ、真理の探求者殿。答えを受け取るのにふさわしいレベルに君が達したことがわかった。よって、それを授けに来たぞ」と言われるという意味ではない。
これが意味しているのは、自分が本当は誰であるかを見てみようと誘う招待状はずっとここにあるということだ。東洋の伝統における「グル」とは、その招待状を差し出すものを指している。グルは人間の姿をとることもあるが、人間ではない。どちらかといえば、グルとはあらゆるものの内に、そしてあらゆるものとして現れている活動エネルギーが顕現したものだ。それは生そのものだ。

彼が休みなくその存在を明かすのは、内なる意識によってです。この神聖なるウパデーシャ（教え）は、すべての人のなかで常に自然に働いています。

シュリ・ラマナ・マハルシ

個人的ニーズや意見という歪んだレンズを通じて見ているあいだは、ずっとここにあるこの招待状を我々は見落としてしまう。経験全体から我々が選び取るデータは、主にそれが自分の生存や今現在のニーズや欲求に対してどのような意味を持つかというフィルターで選別される。さまざまなものが存在するなかで我々が探すのは、栄養のある食物、性的パートナー、社会的地位、安全だ。知覚情報はこのプロセスを通じて使えるデータと使えないデータという、ふたつの基本的カテゴリーに分類される。使えるデータは本部への入場を許されるが、圧倒的多数の信号は無視される。こうした情報管理法は生存のためには極めて有効な戦略かもしれないが、感受性と知覚の制限という代償を伴う。

　具体的で基本的な物質的ニーズを満たしたあとは、より抽象的な自我のニーズを支えるために我々はこのデータ管理システムを活用し、自分の意見や信念を裏付けてくれるものを探す。絶え間なく流れてくる情報から、自分のニーズを満たすもの、自分が真実として受け入れていることを確認してくれるものを我々は選別する。この選択的知覚は、あからさまなものからそれほどあからさまでないものまで、あらゆるレベルで作用する。たとえばこうだ。フォルクスワーゲンのビートルを買ったばかりの人は、突然あらゆる場所でフォルクスワーゲンの車を目にするようになる。誰かと恋をしているときは相手の欠点が気にならないかもしれないが、特定の人種グループに偏見を持っているとしたら、自分の意見の裏付けとなる材料を重視し、その人種の人たちの肯定的な行動や特徴を無視したり割り引いたりしがちなはずだ。もちろんフォルクスワーゲンのビートルはこれまでもずっと走り回っていたし、あなたの恋人はほかの人々と同じように完璧だったり欠点があったりするし、親切な人、残酷な人、賢い人、馬鹿な人がいるのはどの人種でも同じだ。あなたに見えるものは、その大部分が「内なる選択委員会」によって決められていて、それはスーフィーのこんな物語に出てくる旅人とよく似ている。

初めての国に入ったとき、旅人は木陰に老人が腰かけていることに気づいた。老人に歩み寄り、旅人はその国の人々について尋ねた。それに対し老人はこう質問で返した。「お前さんの国の人たちはどんな感じかな」

旅人は答えた。「ああ、友好的で温かくて陽気ですよ」。老人は言った。「そうかね、この国の人たちも同じだよ」

数日後、別の旅人が木陰に座っていた老人に近づいてきて同じ質問をしたが、老人は再び、その旅人の国の人たちはどんな感じかという質問で返した。

「いつも慌ただしくて、お互いのために時間をとることはほとんどありませんし、人生で最大の関心事はいくら稼げるかってことです」

老人は肩をすくめて言った。「この国の人たちも同じだよ」

ある時点で、「現実フィルター」として機能している個人のニーズ、好み、欲求、意見、信念が自然に放棄されることになり、そのとき自分の真のアイデンティティがひとりでに認識される。これが起こると疑問はもう出てこなくなる。あらゆるものが答えであること、グルは今も、これまでもずっと完全にここにいたことがわかる。グルは人間として、内なる声として、出来事として現れ、この放棄の引き金となる。どのような形態で招待状が届けられても、それがグルとして作用する。それは賢者の沈黙であるかもしれないし、小売店の主人の言葉かもしれない。放棄は苦悶を通じてやって来るかもしれないし、恍惚状態を通じてやって来るかもしれない。頭に落ちてきたりんごを通じて起こるかもしれないし、子どもの笑みからやって来るかもしれないし、日没時に海岸を歩いているときに自分の奥深くから生じるかもしれないし、ストーブで指を火傷したときに起こるかもしれない。いつどんなときでも、分離感が消滅し、すべての二元性を超えた〈一なるもの〉が明らかになることはありえる。自分の真の性質への目覚めに関して禅の老師がこう書いているとおりだ。

寺院の鐘が鳴るのが聞こえたが、
そのとたんに鐘も私もなくなり、
音だけがあった。

デヴィッド・ロイ“Nonduality: A Study in Comparative Philosophy”

最後に、といっても重要なことなのだが、ここには答えはなく、あなたが自分に与える用意が出来ているものだけがある。この本が洞察に導くような形で共鳴するとしたら、それは著者や読者が成し遂げたことではなく、恩寵による。というよりも、前の章に書いたように、この本が示そうとしているのは読者も著者も存在しないということだ。ここに並んでいる言葉は、自分が目覚めた存在であることをあなたが自分自身に優しく思い出させるためのものにほかならない。

4　ここで読むことはどれも真実ではない！

道徳経はその冒頭でこう念を押す。「語られうるタオは真のタオではない」。この時点で、老子は語るのをやめて筆と藁紙を放り捨てるのだろうと思うかもしれない。だが老子はそうせずに、語ることのできないタオについて81章にわたって詳しく説き続ける。

私の国には、これについて説明していると思われることわざがある。「口は心を占めていることについて語るほかない」というものだ。恋をしていて、その相手について話すのをやめられない男を例にとって考えてみよう。彼は友人を説得して自分の恋人を口説かせようとしているわけではない。恋人の話をしないということが単純にできないだけだ。さらには、自分の心からの愛を表現する言葉が見つからないという内容の長いラブレターを彼女に書くかもしれない。彼が自分で認めているように、その手紙は気持ちが正確に伝わるようなものではないのだが、それでもそこに記された内容を目にした彼女は、それが意味するところを理解する。

同様にこの本もまた、言葉で捕まえられないことについて書かれている。だがそれは、本のメッセージが読者に届かないだろうという意味ではない。これは読者を改宗させることを意図したメッセージではなく、ただただ私の心を占めているものなのだ――そして恋をしている男たちの大半と同じように、私もそれをどうしても分かち合いたい。とはいえ実際には、〈それ〉が〈それ自体〉を分かち合っている――〈それ〉とは我々すべてに共通する、明るく輝きながら自己を意識している集合的実在の中心――と言った方が真実に近いだろう。

ここで但し書きがある。本書に含まれているさまざまな概念をひとつでも飲み込む場合は、事前に注意深く読んでおくこと。そうした概念に真実は含まれていない。水の概念が喉の渇きをいやさないのと同じだ。それだけでなく、自我、信念、現在持っている価値観に、そうした概念が危険を及ぼす可能性がある。極端な頑固さがある場合は十分に注意すること。本書を読むと、現実をとらえる枠組みが曲がったり、伸びたり、場合によっては消滅したりすることがあるからだ。言うまでもないが、この但し書き自体も割り引いて読まなくてはならない。この但し書きもまた、この但し書きの対象となる概念だからだ。

この本全体を通じて、本書が概念的であること、そしてここに書いてあることは手がかりか案内標識であって、さまざまな方法で同じ指し示しをずっと繰り返しているだけであることを私は言い続けるつもりだ。案内標識によじ登っても目的地には着かない。禅がそれ自体を「月を差す指」だと述べているのと同じだ。指に集中していれば、その指先が示している光輝を見逃してしまうだろう。

文章の形でここに現れている指が示している月とは、究極の主体、つまり対象にすることができないものだ。それは空間と時間を超えた源で、名前を付けようとするあらゆる試みをすり抜けながら、神、存在の究極の基底、タオ、本来の面目、深奥の〈自己〉（気づいたかとは思うが、山括弧に入れて通常の自己とは区別している）といった多くの名を与えられている。

この源こそ、本当のあなただ。それはあなたの真の性質、真の故郷、持って生まれたもの、見かけの上では忘れてしまった宝物だ。この宝を認識する（再び認める）か、発見する（覆いを取り除く）と、あなたは自分の真の性質（あなたの〈自己〉）が不死で不生、永遠で、時間と空間を超えていることを知る。父親がじつは王様であったことを突然知らされる、童話に出てくるあの貧しい男と同じようなものだ。こうして思い出す（再び加わる）ことは自己認識、悟り、明晰さ、あるいは最終的理解と呼ばれる。どう呼ぶかは問題ではない。違和感のないラベルを選べばいい。どのラベルも、自分は本当は何であるのかという真実を指し示している。

特定の宗教体系、科学体系、哲学体系を私が勧めることはないが、さまざまなところからこだわりなく引用していく。そうした引用のなかには、その出どころとなった文化や社会の文脈によって色づけられているものもあるが、西洋や東洋の哲学、宗教、科学といったまったく異なる背景から出てきたいろいろな声が——そのあいだに何世紀もの時間が挟まっていることも稀ではない——、同一の親密な本質について語っていることには本当に興味をそそられる。

この本を最大限に活かすために、先入観を捨て、ここに書いてあることが自分の内にある真実の何かに触れるかどうか感じてみてほしい。この本が、あなたの内なるコンパスを真のあなたという真北に向けるかどうか確かめてもらいたい。

言葉が抱える決定的で克服不可能な問題は、コンパスと同じで、そこから指すことならできても、指すということがなされているその元の中心は絶対に指せないという点だ。コンパスが指している先、そして指すことが起こっている元の両方を見る人にとっては、自分の真の性質の認識は直接手の届くところにある。このことを知るとき、知るものと知られるものは不可分のものとして認識され、分離のない空間である〈純粋意識〉に溶け去る。

5　たじろぐな

ここまでの章では、やや大上段に構えた言葉が使われていた――神、究極、不死、時間と空間の超越といった言葉だ。表現できないことを表現するにはこうした言葉はやはり不十分であり、それだけでなく自己認識の本来的性質であるまったくの単純さを隠してしまうことも多い。悟りは、少数の選ばれた者にしか成就できないような、起こる可能性が低い至難の業ではない。それどころか、悟りはそもそも成就可能なものではなく、悟りを自分のものにできる個的存在がいるという幻想が取り除かれることを通じてそれ自体を明らかにする。それは〈純粋意識〉として今ここに完全にある。どこか別の場所で、あるいは達成される日が来るまで未来のどこかで待っているわけではない。悟りは時空内の出来事ではない。逆に、時空が〈純粋意識〉のなかの出来事であって、〈純粋意識〉はあなた、私、そして存在するすべてとしてそれ自体を絶えず現している。それはここに並んでいる言葉であり、これらの言葉を読むことであり、言葉が現れている背景だ。それは入っては出ていくあなたの息であり、心臓の鼓動であり、淹れたての朝のコーヒーの香りであり、歩道に落ちている犬の糞であり、星々であり、惑星であり、そしてこのすべてが起こっている広大な空間だ。それはこのすべてであり、それと同時にこのすべてを超えている。それはすべてを包含し、知覚し、創造し、破壊する者だ。それは今あるようにあり、著者はそれがわかっているという観念、「自分」にはわかっていないという観念もそこに含まれる。ある禅の書がこう言っているとおりだ。

わかっているのなら、ものごとはまさにあるとおりにある。
わかっていないのなら、ものごとはまさにあるとおりにある。

このことがはっきりしていれば、本書を投げ捨ててもいいし、焚き付けに使ってもいいし、友人に渡してもいい。わからないとしたら、理解に向けて進む道があるのかどうか、もしくはもしかしたら意外なことに、段階的に進んで行く道があるという思い込み自体が理解を妨げているという認識へと導く道があるのかどうか、見ていくことにしよう。灯りのついたランタンを手に持ちながら、光を探して歩き回っていたりはしないだろうか？

6　聖人、罪人、探求者、賢者

ひとりのグルだけが存在し、常にあり、
全宇宙は〈彼〉のアシュラムであり、
ここにたどり着く道は必要なく、
すべては神聖であるから瞑想の必要はなく、
一度も失われていないものを見つける必要はない。

ここまで読み進めてきて、まだ読んでいるとしたら、あなたはかなりの確率でいわゆる探求者だ。多くの探求者が、自分は真理を求めているのであり、その真理が自分を自由にしてくれるだろうと真剣に信じている。だが実際のところ、そう信じている人たちはほとんどの場合、この真理がどんなものであるべきかをすでに決めてしまっている。まず第一に、この真理は認識できる対象であり、獲得できるものだという思い込みが多々見られる。つぎに、真理、自由、悟り、自己認識に至る道が存在していて、悟った師はその道筋を探求者に示すことができるという前提がある。「それを得ること」――そういう期待を彼らは抱いている――は、その示された道筋をたどれば達成されるのだと。

スピリチュアル市場には選り取りみどりのさまざまな道が用意されていて、探求者は普通、自分に合いそうな道を物色する。１２６０年から１３２８年まで生きたドイツのキリスト教神秘主義者マイスター・エックハルトは、そうした道に関してこのように言っている。

特別な方法で神を求める者は誰であれその方法をつかんで神を見失い、神は方法のなかにその姿を隠される。だが特別な方法なしに神を求める者は誰であれ神が本当にあられるとおりに神を見出す。（略）そして神は生そのものである。

こういった道の大半が重んじているのは、制限、規律、そしてさまざま形態はあるにせよ、善人であることだ。制限や規律がどうしたら自由につながるかはそれほど明白ではないが、それでもやはり、自分の選んだ道を熱心に歩んでいれば努力は報われるのだと探求者は信じている。とてつもない昇格の資格を得られるに違いないと。神は、もしくは究極の存在を探求者がどんな名で呼んでいるとしてもその存在は、こうした努力に報いてくれるはずだと思われている。それはその存在がみずからの姿を現すという形で、あるいは真理が明かされる壮麗な最終的「出来事」を通じて恩寵が授けられるというやり方で起こるのではないか。この真理の啓示がおそらくは悟りであり、そうでないとしてもそれが悟りの成就につながるのだろうと。このシナリオにおいては、悟りはもっとも望ましい状態として理解されている。それが一度起これば人生の問題が一掃され、探求者の人格は一変し、純粋な思考、適切な行動、放射する愛、永久に続く至福の境地が約束されているに違いないと。

探求者は通常、体験が生じるよう手助けしてくれる師や賢者を探す。この「悟った存在」は賢者であるだけでなく、聖人であることも一般的には期待されている。探求者たちが持っているさまざまな「グルに求める項目一覧」はこうした観念を反映していて、思いやり、寛大さ、忍耐強さ、禁欲主義、ベジタリアン、カリスマといったありとあらゆる好ましい人格的特徴がそこに並んでいる。なるべくならば賢者は銀髪で、東洋出身で、異国の服に身を包み、魔法のようなバイブレーションを発する存在感を持っている方がいいとされる。

ここまで読んでも不快にならずにまだ本を閉じていない人たちに、ここで描いた人物像はわかりやすさを重視した一面的なものであることを認めなければならない。真剣な探求者は多くの感情やエネルギーや献身的姿勢を探求に投じているように見える。「投じているように見える」と書いたのは、「発見」の瞬間に、探求者が本当は一度もいなかったこと、探求者だと思っていたものこそが探されていたものだったことが明らかになるからだ。一人でするかくれんぼのようなものだ。探求者も発見者も、師も弟子も、すべてがひとつの〈自己〉の変装だ。

自分の本当の師に出会ったときに感情面で圧倒されることは確かにありえるが、そこで実際に起こっているのは〈自己〉と〈自己〉の出会いだ。もしそうしたつながりが起こることがあったとしたら、そのとき生まれる魔法は探求者のなかで働くのと同じくらい賢者のなかでも働いている。それはあたかも、ふたつの炎が互いにまったく同一の火であることを認識するようなものだ。師と弟子の交わりとして現れるこのエネルギーの顕現は、恋に落ちるときと同じで自然に起こることであって、真実だと思いこんでいる固定観念を追いかけることによっては起こらない。

これは、そうした出来事が起こるまで待たなければならないという意味ではない。真の師とは生そのものだ。これを見ようという招待状はまさにこの瞬間に差し出されていて、正式な師による指導は、多くの人たちにとって助けになるとはいえ必要ではない。目覚めがどのように起こるかに関して固定した決まりはない。誰もが熱望する至高の到達点である真理とは何なのか、それはどのような形でもたらされるべきかということについて先入観を持っていることの問題は、探求者が探し求めている解放がいつでもすぐに手が届く状態で完全にここにあるということが見えなくなる点にある。ラマナ・マハルシは言った。

　行や放棄といった努力をしないことです。あなたの努力そのものがとらわれです。

　今あるものを直接見るかわりに、探求者は悟りという未来の出来事を待ち続けながら、自分がすでに——そしてこれまでもずっと——故郷にいることを認めようとしない。探求者は、神と宇宙がその秘密を明かす完全な最終的理解がどんなものになるかを繰り返し思い描こうとする。そうしていると、自分の精神がこの宇宙の一部であり、宇宙のなかに現れていること、つまり宇宙を把握するには適任ではないという事実を探求者は見落としてしまう。

　つぎの引用が示すように、我々のなかの最高の知性でさえ絶対者についての思い込みにとらわれている。

　アインシュタイン「神はサイコロを振らない」

　アインシュタイン「神に悪意はない」

　ボーア「アインシュタインよ、神にあれこれ指図するのはやめなさい！」

ニールス・ボーア（1885-1962）デンマークの物理学者

期待を手放し、今あるものをただ受け入れる意志を持つことで真空が生まれ、それを驚くべき別の何かが満たすかもしれない。たとえばだが、発見は探求から生じるのではなく探求を諦めることを通じてやって来る可能性があること、それは何か見えるものではなく見ることそのものであること、大事に抱えていた考えの正体がじつは概念的障害物だったことがわかるかもしれないし、霊性修行がものごとの核心を直接見ないようにするためのひとつの方策だったと判明するかもしれない。直接見ることで、「悟りという目的地」に未来のどこかの時点で到達することのできる個別の探求者が幻であったことが暴かれる。その結果、探求と探求者の両方が、探求者はすでに故郷にいたという認識のなかで消滅する。

疲れきった探求者に私はこう言いたい。「探求をやめ、概念を捨てなさい。自分の尻を探すのをやめなさい。ただ座ってくつろぎなさい」。先入観を手放すことで、並外れた壮麗な出来事を期待しながら見つめているはるか遠くの地平線から注意がふいに離れ、自分の目の前、目のうしろ、目のなかに存在している驚異が姿を現すかもしれない。そうして手放すことを通じて、まったく思いがけない師に出会う可能性が開かれてもおかしくはない――あるいはひょっとすると師が目の前にいることに気づくかもしれない。

だがここで明確にしておかなくてはならないのは、〈純粋意識〉が存在するすべてであって、「よそ」にいる師という発想は架空の探求者の視点から見たときにしか成立しないことだ。真の師は、したがって、自分が師であるとはまったく考えていないのだが、あなたが自分を弟子だとみなしていることは承知している。真の師たちは「お前はそれだ」と言い、あなたが「はい、しかし」と言うと、同じ真実を繰り返したり、力を抜きなさいと言ったり、床を掃けと言ったり、黙っていろと言ったり、あるいは場合によっては自分が黙るかもしれない。彼らが何を言っても、何をしても、何をしなくても、あなたが思い描いていた姿とはおそらく異なっている。

タバコ店を営みながら自分でも喫煙し、大都市の赤線地帯のはずれで暮らしている賢者を想像できるだろうか。じつはそんな師が存在していた。明らかに相当な癇癪持ちだったこの店主は、自分の子どもたちの面倒を見ながら、世界中からやって来る探求者の相手をしていた。彼は自分でも英語を話せるようだったが、通訳や翻訳者を通じて探求者たちと対話した。もう気づいたかもしれないが、これはシュリ・ニサルガダッタ・マハラジのことで、彼は20世紀にもっとも尊敬されていた賢者のひとりだ。

シュリ・ニサルガダッタ・マハラジがある探求者と交わした対話を紹介しよう。

探求者「認識に達した人は絶対に無作法なことをしないと聞きました。そういう人たちは模範的なふるまいをするものなのだと」
シュリ・ニサルガダッタ・マハラジ「それが手本だと誰が決めるのかね？　解放されている人がそんなしきたりに従う必要がどこにあるというのだ。行動が予測できるようになったとしたら、そんな奴は自由ではありえん」

『アイ・アム・ザット私は在る』（ナチュラルスピリット）

もしくは彼の弟子ラメッシ・バルセカールはどうだろうか。彼は勤勉な所帯持ちで、地球上の至るところからやって来る探求者たちをアシュラムではなくムンバイの自宅で迎えている。ラメッシは管理職として勤めていた銀行を退職して以降、目覚めた師として活動していて、非二元とアドヴァイタに関する著作がある。自身の教えについて彼がかつて語ったことがある。

ここで何かを聞いたとしたら、それは素晴らしいことです。そうでないとしても、素晴らしいことです。その結果として何らかの変化が起こるのであれば、それが起こるままにしておいてください。どのようなレベルの理解であれ、もしその理解に少しでも価値があるならば、それはしかるべき結果を自然にもたらすはずです。それができる

「人」はいません。

Sin And Guilt（Zen Publications Mumbai, India）

ここで名前をあげたいもうひとりの師は英国のトニー・パーソンズだ。彼は気さくで、普通で（普通ではなく）、親しみやすい人で、高いところから教えるというよりも、彼の（これの）存在を分かち合うことに熱中している。これを書いているときでさえ、彼がこう言っているのが聞こえてくる。「ここには分かち合っている人など誰もいません。あるのは実在だけです。これがそうです。これが〈愛されし者〉です」。追い求めなくてはならない悟りという未来の出来事があるという思い込みのすべてを彼は剥ぎ取って、今、ある、も、の、を見ようと探求者を誘う。著書“As It Is”のなかで彼はこう言っている。

これがそれで、そしてそれで全部です。未来に起こる何かを探し求めるのを諦めて、〈今あるもの〉にあるという贈り物と恋に落ちてください。心の底から恋をするんです。ここ、まさにここが、あなた方がずっと熱望しているすべてが存在する場所です。単純で、平凡で、荘厳です。いいですか、あなたはすでに故郷にいるんですよ。

As It Is (Innner Directions Publishing)

最後に紹介したいのは、聖者タイプには絶対に分類されない賢者ウェイン・リカーマンだ。出版と著作をしているアメリカ人で、ラメッシ・バルセカールの弟子だ。彼はアルコール依存だった過去を決して隠そうとしない。その頃の自分を、とにかく多くのものを——酒をもっと、ドラッグをもっと、セックスをもっと、もっともっと——欲しがる豚だったという表現で振り返ることすらある。そして、「もっと」はどれだけあっても足りなかった。ある日目を覚まし、しらふになった。彼自身の言葉によるとこうだ。

それから、4日も続いたどんちゃん騒ぎの最後に、自分の人生のそのフェーズが終わったんだという間違えようのない確信の瞬間がやってきた。スイッチが切られたような感じだったね。執着が消えた。抵抗しなきゃとか、何かをしなきゃとか、そういうことじゃなかった。消えたんだ。で、たまげるほど明らかだったのは、自分でやったんじゃないってことだ。もし自分じゃないとしたら、こんな疑問が出てくる。「俺にこんなことをしたのは何なんだ？　もし運命を自分で支配してないとしたら、何が支配してるんだ？」。これが頭が虎の口に入った瞬間、虎の顎が閉じられた瞬間で、逃げ道はなかった。探求者になったんだ。

ブライアン・バルドによるインタビュー（1998年5月 http://www.advaita.org/）

今ウェインに会ったとしたら、そこにいるのは豪快に笑うユーモアたっぷりの大男だ。著書“Acceptance of What Is”のなかで、自分に会いにやって来る探求者たちについて彼はこう語る。

ここには大勢来るけど、連中がすでに知ってたり、これが真理だと思ってたりすることに一致する話を俺がすると、「この男は本当にわかってものを言っているぞ。まずまずだな！」と言うんだ（笑）。逆に、すでに知ってたり、真理だと思い込んでたりすることに合わないようなことを俺が話すと、「奴はいんちきだ」とか言うわけ。で、どっかに行っちゃう。

Acceptance of What Is: A Book About Nothing（Advaita Press）

枠にはまらない賢者は今の時代にしかいないわけではない。8世紀のインドの哲学者でアドヴァイタ・ヴェーダーンタの父であるシャンカラの作とされている詩がこう言っているとおりだ。

ときに裸で、ときに狂い、
学者かと思えば、愚者にも見える、
かように彼らはこの世に現わる——
自由な者たち！

古い時代の禅師や道教の賢者について読むと、かなり荒っぽい男たちと遭遇するかもしれない。杖を振り回したり、弟子を平手打ちしたり、酔っ払ったり、挙げ句の果てには寒い夜に寺の仏像を運び出し、それを燃やして暖を取る者までいる。こういう例を紹介するのは無頼な賢者だけが真の賢者だと言いたいからではない。というのも、それもまた従わなければならない賢者像を描く試みになってしまうからだ。そして、賢者が聖人であることは絶対にないと言いたいわけでもない。ただ、賢者が聖人である必要はないというだけだ——主婦であっても兵士であってもビジネスマンであってもまったくおかしくない。求めている真理や「わかっている」賢者に関する期待が落ちれば、自宅の裏庭で思いがけない宝物を見つけることになるかもしれない。賢者はただの人間であって超人ではないということを受け入れると、今あるとおりの自分を受け入れやすくなる。それは師に関する、そして自分はどのようになるべきかということに関する非現実的な期待を緩める。あなたの真実と自由は、たった今のあなたのありようのなかに、今あるものを受け入れることのなかにある。

ルーミーは言った。

「私の姿形を見るのではなく、私の手の内にあるものを持っていきなさい」

さて、ここで差し出されているものは何なのだろうか？　この手のなかにあるのは正確には何なのだろう？　それは知覚したり、受け取ったり、つかんだりできるものだろうか？　もしくは、せめて理解だけでもできるようなものなのだろうか？

7　あなたにわかるだろうか？

科学は自然における究極の謎を解くことができない。それはなぜかと言えば、究極的なところでは、解明しようとしている謎に我々自身が含まれてしまうからだ。

理論物理学者　マックス・カール・エルンスト・ルートヴィヒ・プランク（1858-1947）

悟りは知性で把握できる範囲を超えたものだ。この章では、大きな疑念を抱かせるこの主張について検討していく。「すべてはひとつ」「これがそうだ」「時間と空間を超越した」といった漠然とした表現では何もわからない。知性は正確さを求めて譲らず、誰かが厳密な説明をしてくれさえすれば悟りを間違いなく理解できるはずだと確信している。つぎに紹介する話では、正解を聞くことが必ず期待どおりに役立つとは限らないということが例証されている。

ダグラス・アダムスは著書『銀河ヒッチハイク・ガイド』で、銀河間ハイウェイ建設のために破壊されることになった我々の惑星をぎりぎりのところで脱出した地球人アーサー・デントについて書いている。『ヒッチハイク・ガイド』はアーサーにとって必携の旅の友となり、ガイドのモットーである「うろたえるな」によって、彼は数多くの冒険を切り抜けることになる。

星間を旅しているあいだにアーサー・デントは「ディープ・ソート」という名のスーパー・コンピューターの話を耳にするが、そのコンピューターは「生命、宇宙、万物」についての究極の問いに答えるために地球外生命によって作られたものだという。750万年ものあいだ計算を続けた末に、ついにディープ・ソートが答えを導き出した。高僧、聖職者、科学者たちがその答えを聞くために集結する。そしてその答えは（ドラムロールをお願いします！）……42！

いや、42は正解なのかもしれないが、ディープ・ソートが答えにどう到達したかを直接理解していなければ、この答えは使い物にならない。「悟りとは何か？」という問いに対する答えにも同じことが言える。「わかっている」人たちは、悟りは知的精神を超えたものであり、それと同時に単純さそのものだと主張する。悟りなど存在しないし、悟ろうにも誰も存在していないと言う人もいれば、悟りはすでに完全にここにあると言う人もいる。これは互いに矛盾しているように思えるが、その両方の表現がひとつの定義不能な中心を指していて、どちらの指し示しもその同じ中心からなされている。彼らは、もしこれでわからないのなら、どんな答えもお前を満足させることはないだろうし、お前に今後与えられる答えはどんなものであれ「はい、つぎの質問」という促しとしてしか受け取られないだろうと言うかもしれない。

けれども知性は、ひとつひとつの問いには必ず理解可能で「正しい」答えがあるのだと信じて疑わない。知性は言う。「とにかく明確に説明してくれ。私には理解できないなどと言うな。私はピラミッドを建て、相対性理論を考え出し、月面に人類を立たせ、ヒトゲノムを解析したではないか」

確かに知性はこのすべてを、そしてほかにも非常に多くのことを成し遂げたように見える。ただし、「見える」という言葉をここで使ったことに留意してほしい。これは重要だ。というのも、悟りとは何であって何でないかということがはっきりわかっていると、あらゆる思考と行為の内にある活動エネルギーは個人のものではなく非個人的なものだという見方をするようになるからだ。

現在の知的風潮のなかで精神について語る場合、それは一般的に知性を意味している。ずっとそうだったわけではない。たとえば禅の書では、仏心（仏の精神）という用語に頻繁に出会うが、それは本書で〈純粋意識〉と呼んでいるものを意味する。精神という言葉はハートという言葉の対極にあるものとして使われることも多いが、その場合、知性は感情の中心と対立するものとして定義されている。もっと最近では、知性と感情を脳の左半球と右半球に振り分け始めていて、その考え方では――かなり単純化すると――左脳は言語能力と知性がある場所で、右脳は直感的で情緒的なパートナーだとされる。人類は生に対するその分析的アプローチと共に、ますます左脳を信頼するようになっている。左脳は右脳の「不明瞭な論理」に警戒心を抱きながら、みずからの支配的立場を用心深く守っているが、そのすべてはまったくの善意からの行動であり、それは自分こそが「その仕事に一番ふさわしい男」だと心から信じているところから生まれる。

左脳のやり方をより明確に象徴するものとして、ここでは「男」という単語がふさわしい。この左脳支配は社会全体に反映されていて、多くの状況において女性は男性と対等な存在としてはまだ扱われておらず、ビジネスや政治の場ではハートのバランス作用が欠如していることが多い。我々は両目を開きさえすれば、生に対するこの一面的アプローチがどれほど愚かであるかを確かめることができる。

直感的精神は神聖な賜り物であり、理性的精神は忠実なる下僕である。
我々が生み出したのは、下僕を大いに敬いながら賜り物には目もくれない社会だ。

アルベルト・アインシュタイン（1879-1955）

確かに左側は世界を二元的関係に分割し分類することには適任なのかもしれないが、ここでの話が指しているのは、精神とその活動がそのなかで、そしてそこから生じる全体性としての非二元――〈純粋意識〉――だ。

理性的精神は、予約をとったり、帳簿をつけたり、パーティーを開いたり、爆弾を製造したり、建物を設計したり、ほかの無数の仕事をすることにおいては秀でている。だが非二元や無条件で概念のない〈純粋意識〉に関しては、完全にその守備範囲を超えている。「概念のない」ということが意味するところをつかむのは単純に不可能だが、それは理解が起こるまではそれもまた概念のひとつにすぎないからだ。それと等しく不可能なのが、理解をする誰かが一方にいて、理解される何かがもう一方にあるという二元的立場から非二元的見方を理解することだ。

それに対し、主体と客体の見かけ上の分離が解消するときにそこに残る単一の働きの視点からなら、理解は確かに可能だ。従来の二元的関係性なしでも理解が起こりえるというのは

りんごの味を研究する

思いがけない考えだが、思考とその思考の主体の関係になぞらえてみれば、もしかしたら感触をつかめるかもしれない。思考と思考主体のこの分割は文法上の約束事にすぎない。というのも、思考が思考主体から独立して存在したことは一度もないからだ。実際には、思考と思考主体は考えるという単一のプロセスで構成されている。似た意味で、理解する人と理解されることも、理解するという単一のプロセスとして見ることができる。理解する人と理解されることが融合した瞬間、理解することができる人はそこに残されておらず、理解だけが残る。

〈純粋意識〉に関して知性にできるのは、知性自身のいつものやり方を認めることくらいだ。言い換えると、わかるためには、なぜわからないのかをわからなくてはならない。この時点でもし知的精神がその当然の限界に気がつかないとしたら、「そうか、自分にわからないのなら、それは複雑であるに違いない」などという誤った結論に飛びつくかもしれない。もちろんそのとおりで、二元的手段である言語を使って非二元を捕まえようとすれば極めて複雑なことになるだろうが、本質的には、子どもに青色を示すのが単純であるのと同じで、それはまったく複雑なことではない。だが、生まれつき目の見えない教授に対して言葉を使って青色を説明するのはほとんど不可能だ。

ハート――または脳の右半球――にはこの種の推論に関するセンスがあるが、分類分割を担当している左脳的側面にはそうしたセンスが欠けている。この本が指している分離のない全体を取り扱うには、左脳はまったく適した道具とは言えない。非二元のリアリティと関わる際に知性は不適当な道具だが、それは夏の風をすくうのにバケツが不適当な道具であり、雨をとどめるのに棒が役に立たず、蓋をした棺が日光を収納できないのと同じだ。

精神は〈意識〉のなかに現れるだけでなく、自身の知的活動が〈意識〉であると勘違いする傾向がある。実際には、〈意識〉が精神の産物なのではなく、精神が〈意識〉の産物だ――〈意識〉は、精神とその活動を含むあらゆるものに共通する静かな永遠の背景だ。映画を観るときのスクリーンと同じで、この背景は通常は無視されていて、その背景の上に、あるいはその背景に対して現れる一時的な活動の方に注意は向けられる。離れたところからみれば、〈意識〉とその内容は自己発光する単一性に統一され、その単一性については何も語れず何も知ることができないが、それは何を語っても何を知っても、そのこと自体がこの単一性の不可分の要素であるという単純な理由による。

つまり、思考そのものが全体としての現実の一部であるということはないだろうか。だがそうだとすると、現実の一部が別の部分を「知っている」とは、どんな意味を持ちうるのだろうか、そしてそのようなことがどの程度まで可能なのだろうか」

デヴィッド・ボーム『全体性と内蔵秩序』(青土社)

これは、全体を観察し評価するために観察者が全体の外側に足場を置くことは絶対にできないという意味だ。違った言い方をすると、全体から独立しながら全体を知的に理解することのできるあなたは存在できない。すべてがそのなかで、そしてそこから生じる〈純粋意識〉が、あなたの真のアイデンティティだ。光が光そのものを照らせないのと同じで、あなたがそれをつかむことはありえない。なぜなら、あなたはそれであるからだ。

これでわかった人もいるかもしれないが、「なるほど、でもそれをつかめないのはいいとして、私はそれだということが何かの役に立つのか？」と思う人もいるかもしれない。もしそう思ったなら、別のアプローチを試してみよう。それをつかむか、つかまないかということは一旦忘れて、そのかわりに、それをつかんでいないこの「私」または「自分」について調べてみることにしよう。

8 「自分」という観念

多くの場合、悟りがすでにあるということをわからなくしている最大の障壁は、いわゆる自我を持った個別の人間として自分が存在しているという幻想だ。自分を個別の存在として感じつつも、自我は架空の存在であるという話を受け入れていると、この幻想を取り除く必要を感じるかもしれない。よくあるのが、場合によっては何度も生まれ変わらなければ完了しないような規律と浄化と修行の果てしなく続くプロセスを通り抜けなければ、束縛から逃れ悟りを得ることはできないという思い込みだ。

個別の人間として存在するというのは幻想だと言うと、冷酷な印象を与えるかもしれないが、現代の西洋科学も東洋の神秘主義の伝統も個別の自己の存在を確認していない。客観的には、この「自分」が存在していることを示す証拠はない。だが主観的には、我々のほとんどがその実在を確信している。ここから三つの章にわたって、この確信を解剖することに専念する。この見かけ上の確信にいくつかの違った角度から迫りながら、その観念にどれほどの真実があるかを見ていく。ここで言っているのは、自我を取り除きなさいということではない。これは、海から独立して存在する波がないのと同じように、独立して存在する自我は本当にないということを示す試みだ。

我々はずっと、自分は身体内に住んでいる自律的な意識の中心であると考えてきた。我々は行為や思考や感覚の起点としての自分、またはものごとを体験する主体としての自分と同一化している。好き嫌い、所有物、意見、関係、責任を抱えた個別の存在であるというこの経験は、ほぼ全員に共通するものだ。我々はこの独特な融合体を自分の個性だと思っている。個性が経験によって変化しえる動的な流れであることを我々は承知しているが、その一方で自我は永続する自己であり、性格的気質が変化するときでも変わらずにあり続けるとされる。たとえば、最初は子どもだったが今は大人になっている「私」、あるいは最初はトマトが嫌いだったが今はトマトに目がない「私」というように。無二の個性を持った個別の存在であるというこの確信は、我々の社会的条件付け、価値観、言語構造に反映されている。

社会的条件付けと教育は、人の個性を強調し肯定することを通じて人々を責任ある個人にしていく方向に整えられている。達成を自分の手柄とし、個人として考えや行為の責任をとるよう奨励される。実際には、自分に一体どれだけの責任があるかについては議論の余地がある。我々が「自分のもの」だとしている考えや意見の多くは、実際のところ選択よりも環境に負うところが大きい。キリスト教の世界観でもっとも大切にされている価値観や信条のいくつかは、個人的責任と神から授けられた自由意志を軸としている。だが違った背景のもとで生を受けた人であれば、同じほどの確信を持って、個人の自由意志は存在せず神の意志があるだけだと認識しているかもしれない。我々の持っている観念や意見を詳しく調べてみれば、そうしたものが相当程度までプログラミングに由来していること、そしてそのプログラミングは主に誕生時点で属していた社会文化的グループとそのグループ内での指導役の態度や状態によって左右されることが明らかになる。通常我々は成長の過程において、こうした条件付けから集められた価値観や意見や信念を「自分のもの」として受け入れる。パレスチナに生まれた子どもはイスラエルが誤った側にいることを間もなく知り、イスラエルに生まれた子どもはその正反対の認識を持つ。

真実として受け入れられた推測は言語の使用によって強化される。言葉が一般的に使用されているその様子に注意深く耳を傾けてみれば、その土台にある——そしてその大部分が未検証の——前提が明らかになるだろう。ある地点を越えると、言葉の使い方が我々の世界観を表現しているのか、それとも言語が世界を実際に形作っているのか、その境界を見極めるのが非常に難しくなる。

20世紀の言語学における革命は、言語は単に考えを伝え合うための装置なのではなく、そもそも世界を存在させている道具であるという認識だ。現実は言語で単に「経験される」のでも「表される」のでもなく、言語によって実際に生み出されているのだ。

ロジャー・ルウィンの"In the Age of Mankind"(Smithsonian Institution)で引用されているボストン大学の人類学者ミーシャ・ランダウの言葉

この視点から見ると、言葉は強力な魔法だ。たとえば、「棒や石は骨を折るけど、悪口では絶対傷つかない」という呪文を我々は子どもたちに教えるが、実際のところこの呪文は言葉には力がないという考え方を反映しておらず、それどころか言葉による攻撃をかわすための対抗的なまじない言葉として使われている。

周囲の世界を名前やラベルのつけられた対象物に分割することによって、それらをある程度まで操る力を見かけの上で我々は獲得するが、そのことを通じて普遍的で根本的な一元性を見失ってしまう。

ふたつの島が見えているとき、そのふたつは水で分けられているのだろうか、水でつながっているのだろうか、それとも水がふたつの島のつながりを隠しているのだろうか? 波と海、焚き火と炎、水とその湿り気、そしてついでに言えば、人とその環境は本当に存在しているのだろうか?

　こうした二元的ラベルに加え、我々の言語はアイデンティティを確認し分離を助長する表現で満ちている。「男らしくしろ」「彼女は嘘のない人だ」「俺たちと奴らの闘いだ」。少しわかりづらいがこんなものもある。「自然を征服する」「現実と向き合え」「人生は自分で築くものだ」。我々の大半がするようにこうした言葉を文字どおりにとらえれば、我々は自然とは別に存在していて、自然――そこには我々の人間としての特質も含まれる――は征服しなくてはならない、現実は自分とは別に存在していて我々はそれに向き合う必要がある、人生が一方にあってその人生を立派なものにしていく自分がもう一方にいるなどと結論づけるかもしれない。

　世界を描写するとき、描写の対象そのものと描写のために使っている記号が別のものであることがわかっていれば、混乱は生まれない。だが地図が土地そのものではないことを忘れてしまうと我々は催眠にかかり、世界はごちゃ混ぜで入り組んだジグソーパズルに見え、大きく複雑すぎて完成は絶対に不可能だと考えることになる。こうした考えは自分と環境は別のものだという観念を強めるだけでなく、環境と共に協力するのではなく環境に対して操作と搾取をする傾向を促すことにもなる。

「私たちの環境」という概念が存在している事実が、我々と環境が実際には単一の連続体であるという真実を隠す。どんな生物学者でも、心身機構が個別に存在するというのは幻想であることを説明できる。有機体はその環境内に現れ、環境と分けることはできない。だがこの表現も、人間も環境も究極的には存在していない想像を絶する現実には届かない。「人間」と「環境」はひとつの出来事に貼り付けられた2枚のラベルであり、それによってひとつの出来事が見かけの上で分割される。それはひとつの現象であり、そのためその外側に立ってそれをつかめる人は存在しない。ウォルト・ホイットマンは環境と融合するこの感覚をこのように表現する。

ぼくの舌、ぼくの血の原子ひとつひとつは、この土、この空気から作られ、
ぼくは両親からこの世に生を受け、両親もその親たちから生を受け、
そしてその親たちもさらにその……

生物学者や詩人ウォルト・ホイットマンが言うことに異は唱えないとしても、我々のほとんどは本当にそうなっているとは感じていない。我々は自分自身をそれだけで独立した単位、それぞれ個として実体を持った何か、外の世界とは別のものとして経験する。分かれているという感覚が「自我」という言葉の定義のひとつだ。これについてはのちほど詳しく触

れることにするが、今のところは「自我」や「個人」という言葉が本書に登場するときには、それは〈純粋意識〉が見かけの上で自分自身を忘れてしまって時間と空間に制限された存在と同一化するときに作られる、実際には存在していない分離の感覚を意味するとだけ言っておけば十分だろう。

この有限の存在の動的プロセスは、思考、感覚、経験、心身機構として現れる。そして客観的所有物として、そうしたものには私の思考、私の感覚、私の経験、私の身体といったラベルが貼られる。

悲しいことに、心身は自我が足場を置く土台としては強固なものではない。時間が経つと心身は崩壊し、死ぬ。死は「自分」の終わりとして（船と一緒に船長が沈むようなこととして）認識されるか、そうでなければ「自分の本質」（別名、魂）は生き残るだろうと信じたり望んだりする。信条によって、魂は身体なしで続いていくか、もしくは生まれ変わって新たな身体に宿るとされる。

この「自分」は分離と孤独を感じているかもしれないが、それでも明らかにひとりではない。至る所に数え切れないほどの「自分」がいて、仕上がりはそれぞれ異なるとしても、自身の個人ショーを開催しながらそれぞれの利害を守ろうとしている。その視点から見ると、世界は個別に存在するはかない物体と短命で死を免れない個人――広大な時空に埋没した取るに足らない出来事――の集合であるように見える。我々に共通する死の運命が慈悲を抱くきっかけになる人もいるが、大半の人たちは互いからだけでなく環境や生全体からも疎外されていると感じる。今は順調にいっていたとしても、その表面のすぐ下には、ものごとがいつ恐ろしく悪い方向に転じるかわからないこの広大で冷たい宇宙のなかでは、本当のやすらぎは得られないという嫌な感じが潜んでいる。時間は異様な速さで流れ去っていくように思える。病、惨事、老いによる衰弱の可能性が常に自分にまとわりつき、死刑宣告が差し迫るなかで、時間が切れる前になんとかしなければという焦燥感が確かにある。こうした人生観は、人は本当に時間に束縛され死を免れない個人、多くのなかのひとつであり、今描いたような荒涼とした「現実」のなかで生き延びながら、それと折り合いをつけなければならないという思い込みから生まれる。この分離感は非常に深いところに根を張っているため、問題にされることはほとんどない。それは絶対的で証明可能な真実であるように思える。私は言う。では証明してみせてほしいと。この前提を問い直し、それについて熟考し、よく調べ、この「自分」が存在している確かな証拠が本当にあるのかどうかを突き止めよう。

9　内なる敵

多くの教えが、究極の目的である真の知を達成する上で自我が最大の障害物だとしている。探求者は自我は幻であると教わり、そして自我は悪いものであり、悟りを得るには自我を倒せばいいのだという観念を受け入れる。

この「悪い自我」の観念は、我々のいわゆる動物的性質は律しなければならないという考え方や、人間とは罪深いものであり天国に行きたければそれを克服する必要があるといった宗教的信条と結び付けられる。いくつかの理由でこれらは極めて奇妙な概念だ。

自我に関する有意義な議論に入る前に、言葉が人によって違った意味を持っていることを知っておくのは助けになる。自我はラテン語では「私」を意味し、精神分析では自我とは現実に対処しながら逆に現実からも影響を受けている人格の中核であるとされる。哲学では自我は意識を有する自己を意味する。こうした定義には多くのパターンがあり、互いに重なっているものもあれば矛盾するものもある。自我はつぎのようなものとして認識されている。

- 人のアイデンティティ
- 自分のアイデンティティに関する人の意識
- 膨張した自尊心または他者に対する優越感
- 人の性格や人格
- 人の自己イメージ
- 継続して存在する感覚をもたらす記憶のつながり
- 社会文化的条件付けと遺伝的プログラミングの組み合わせ
- 身体内にある意識と意志作用の自律的中心
- 真の〈自己〉によって演じられている創作された登場人物
- 普遍的な「我あり」が個人的な「私は〜だ」と取り違えられた誤ったアイデンティティ

この本で主に関心を向けるのは、誤ったアイデンティティや架空の自我という哲学的概念だ。「私」と自我は同じものを参照しているため、「自分」が「自分の自我」を取り除こうとするのは自家撞着であり、論理的に不可能な課題だ。自我の概念に起因する矛盾を説明している例をここでいくつか紹介しよう。

・暑い日に車を運転しているとアスファルトの道路上に逃げ水が見えるかもしれないが、その水の上を実際に走り抜けることになるとは思わない。だが自我は幻であると確信している場合でも、探求者は自我を実在するものとして扱い続ける。道路上の水の蜃気楼を割り引いて考えるのは容易だが、我々は自我という蜃気楼とは格闘を続ける。

・探求者のほとんどが、自我は悟りへ向かう道における障害物だと信じながら自我を取り除こうとするが、誰が誰を取り除くのだろうか、そして何を達成することを望んでいるのだろうか？　通常は要するにこうだ。「私は私の自我を取り除きたい。それは、そうすれば私の望んでいるものが私（誰？）にもたらされるだろうと私は信じているからだ」。当然だが、自我はそれ自身の命に関わる企てについてはすべてお見通しだ。自分の死刑執行を担当することになった犯罪者と似ている。老子と孔子が交わしたとされる対話のなかで、老子は言う。

　自己を消し去ろうとする試みは利己性の明確な現れだ。
　逃亡者を捕まえようとして太鼓を叩いている人間と同じだ。

・自我を取り除きたいと考えている探求者は、遠ざかっていく幻を追いかけている。まず、自分自身を二分割している――自我と自我を取り除こうとする者とに。この分割に気づくと、三番目の位置に立つ。自我とそれを取り除こうとしている者の両方を見ているこの三番目の「自分」の存在に気づくと、すぐにその三番目の自分を見ている四番目の「自分」が必要となり、四番目を見る五番目、と続いていく。こうして終わりのない細分化が始まるが、それはこの点について説明するためにアラン・ワッツが使っていた五行戯詩を思い出させる。

こんなことを言った若い男がいた。
「自分は知ってると知ってるとは思うが、
自分が見てみたいのは、
自分は知ってると知ってると知ってるときに、
自分を知ってるその自分だ」

・自我を取り除こうとする取り組みのすべては悟りたいという欲求に起因しているが、欲求は悟りが起こるのを妨げる主な障害物のひとつだとされている。そうなると、欲求を持たないようにするという欲求を持つしかないように思えるが、それは当然ながら不可能な――そして本質的に自我中心の――課題だ。

「自我を取り除く」という概念に内在する矛盾について考察した探求者は、自我を落とそうとする努力はすべて失敗する運命にあるという結論にいつかはたどりつかざるを得ない。明らかに気を滅入らせるこの結論は、解放を手の届かないところにまで押しやってしまうように思えるが、これはそれどころか希望の兆しであり、そう言えるのは、自身の解放を引き起こせる「私」（または自我）が存在しているという観念が崩壊し始めているからだ。

自我の逆説的性質との格闘自体が洞察につながることはないだろうが、消耗を通じて自然な明け渡しへの道を開くことがある。この明け渡しにおいて、自我の問題は解決するというよりも溶解する。自我の幻が解消するとき、悟ることができる人は残っておらず、残るのは悟りはすでにあったという理解だ。自我云々の一切が、整合しない観念と自己矛盾した概念を使った曲芸だったと明確に理解することによって、それは朝霧のように消え去り、昇る太陽が姿を現すかもしれない。

この洞察から、最初から言われていたこと、つまり自我は幻だというのは真実であったという理解に至るかもしれない。実際、自我などという存在が実在することを示す確かな証拠をわずかでも見た人はいないし、そうした証拠を提示できた人もどこにもいない。もちろん何かを証明することができないとしても、それが自動的に反証になるわけではない。夢の内容を証明するのは不可能だが、だからといって夢の内容についての説明が虚偽だということにはならない。夢の内容は証明できないかもしれないが、科学は夢見が確かに起こっていることを示すことができる。だが自我が存在するかどうかについては、そうした証拠はない。あるのは主観的な確認だけだ。この当人だけの「証拠」は何千年も研究されてきた。自我は幻だと言う人々は最初は自我の実在を信じていたが、存在しない可能性の方が存在する可能性よりも大きいとあとになって報告している。自我が不在であるときにそこに残されるのは、自分の真の存在は〈純粋意識〉であり、分離の感覚は自分自身を有限の存在として経験させる神聖な催眠だったという理解だ。喩えを使うと、この分離した自己の経験は、真の〈自己〉が遊んでいるときのひとつの表現にすぎないと説明することもできる。この喩えでは、自我はそれ自体としての実体を持たない有限の登場人物だ。それは真の〈自己〉による数多くの変装のひとつであり、映画の悪者がその役を演じている役者から独立しては存在していないのとよく似ている。

この理屈が知的なレベルでは説得力を持っていたとしても、探求者は自我が存在するという否定できない感覚にまだとらえられているかもしれない。自我が実在しているというこの感覚は、幻想を紡ぎ出す〈自己〉の職人技から生じる。〈自己〉がそれぞれの役を極めてもっともらしく演じているために、そこには自律性の感覚さえ含まれている。今小説を読んでいるところだとしよう。25ページで、どうすればいいんだと主人公が考え込む。彼はいくつかの選択肢を比較し、行動方針を決める。だが彼が何を決めようが、作者は彼がどうするかを30ページにもう書いてしまっている。生という本の著者として、〈自己〉は独立と意志作用の幻想を巧みに永続させながら、自我が存在しているように思わせるが、それは自我との格闘が霊性修行などの別の幻想を用いて進められているときですら続く。自我を打ち負かして屈服させようとするそうした試みは、かえって分離の幻想を継続させる。ウェイ・ウー・ウェイの言葉を借りるとこうだ。

「自我」を壊せ、追い詰めろ、打ち負かせ、抑えろ、
どこで消えるべきかを「自我」に言って聞かせろ？
ずいぶん面白いのは間違いないが、それはどこにある？
まずそれを見つけるのが先なのではないか？
料理の前にガチョウを捕まえろという言葉がなかったろうか？

（略）さてここでひどく厄介なことに、そんなものは存在していない。

ウェイ・ウー・ウェイ"Posthumous Pieces (Sentient Publications)"

「追い詰める、打ち負かす、抑える」という闘いすべて、それこそが自我の幻だ。自我は、探求者がそれを殺そうとして闘うのと同じ激しさで生き残りをかけて闘うだろう。これは矛盾のように見える。どうしたら幻と闘うことができるのだろうか。それに――もっと奇妙なのだが――どうしたら幻が反撃できるのだろうか？　そう、できない。だが幻であるだけに、見かけの上でなら反撃することができる。犬が自分の尾を追いかけるときに、尾が逃げているような錯覚を覚えるのと同じだ。自我の幻は、自我が存在しているように認識するところにあるというよりも、それと一体化するところにあると言ってもいいかもしれない。自我にはこだまと同じ程度の実在性しかない。こだまには反響の元になった音を除けば実体がない。影と変わらない程度の実体だ。どれほど努力したところで、つかむことも、毛布の下に捕えることも、振り切ることもできないだろう。

この自我との格闘を、自分の足首をつかみ身体を宙に持ち上げることで自分の体重を確かめようとしている人に喩えられる。必死になって引っ張り上げるほど重くなっていくように感じられる。この懸命な努力がフィードバックループを生み出し、自分の筋力では太刀打ち

できない重さが本当にあるという認識が強まる。すぐ思いつく解決策は、力をつけるためにウェイトトレーニングを始めるか、またはダイエットをして体重を軽くするかだ。どちらを選んだとしても進歩しているという幻想が続き、いつかは問題を克服できるという思い込みが強化されることになる。

当然それはうまくいかないが、なぜならそれを克服しようとする試みこそが問題のすべてだからだ。問題だとされているものは、それを解決するための努力を放棄した瞬間に消える。突然両手が自由になって別のことができるようになり、歩いたり飛んだり踊ったりするだけで自分の体重を簡単に移動できる。

自我との格闘（霊性修行の仮面をつけていることもある）が放棄されると、非個人的な〈自己〉がその真の性質――存在するすべてに共通する命の本質――を明かすかもしれない。この命の本質が、探求者の心身機構に変装しながらかくれんぼをして遊んでいて、それは「見つけた」の準備ができるまで続く。

すべてがひとつであることがはっきりすると、個別の自我が存在するという感覚は真の〈自己〉の活動のひとつでしかありえなくなる。なぜこんなことをするのかと尋ねるだろうか。もっとも簡潔な答えは「別にいいだろう」だ。もう少し長い答えは、遊戯が真の〈自己〉の本質だからそうしているというものだ。

この遊戯はヒンドゥー教徒がリーラと呼ぶものであり、現象の宇宙的ダンス、あるいは〈自己〉が自分がひとりであること（またはすべてがひとつであること）を忘れるという活動だ。〈自己〉は存在の夢に没頭し、そのことによって、純粋にそれを経験するためだけにもっとも恐ろしく壮麗な冒険ができるようになる。この視点から見ると世界に悪事は存在しない。殺人が発生するとき、〈自己〉は殺人犯、犠牲者、殺人犯を逮捕する警察官、殺人者を牢獄に送る裁判官のすべてとして現れている。

この「ゲームへの没頭」状態を、ラブシーンや裏切りや暴力や自己犠牲が出てくる映画に我々が夢中になっている様子と比べてみよう。我々は激怒したり、衝撃を受けたり、深く感動して涙を流したりするが、自分がずっと安全なところにいて、それが単なる映画であることをどこかのレベルでは承知している。

明け渡しの瞬間――自我が屈服する瞬間――に、生は素晴らしい夢として――ゲームとして――認識される。この瞬間に探求は終わり、個別の自己の幻は普遍的な〈自己〉によって作られた魔法の幻影であったことが暴露される。個人のアイデンティティは、波しぶきの一滴が海と再びひとつになるのと同じように、〈源〉に溶け去る。

もしそれが起こったら、ここに並んでいる言葉を読む人は誰も残っていないだろう――言葉が読まれないままになることはないが。しかし「あなた」が読んでいるあいだは、「我あり」という根本的で否定しようのない感覚を見てみることにしよう。それは自我の幻と取り違えてはならない感覚だ。

10　我あり……ある？

海岸で砂の彫刻のコンテストに参加したことがあるだろうか？　人々は古代の彫像と見紛うような驚くべき作品を作ったり、自分で考えた形を作ったりするが、何を生み出したとしてもそれはあくまでも砂だ。像は崩れると溶けて砂浜に戻る。それとまったく同じで、〈純粋意識〉のなかの現れのすべては〈純粋意識〉にほかならない。

〈純粋意識〉から、この〈単一の実体〉から、あらゆる思考の根となる思考、「我あり」が生じる。ここから同一化を通じて自我が生じ、「私はこれこれだ」、だから「私はあれやこれやではない」という形をとって現れる。本質的にひとつのものが見かけの上で分化を続け、あらゆる形態、存在が生まれる。

名づけられないものが天と地の始まりである。
名づけられるものが万物の母である。

馮家福／ジェーン・イングリッシュ訳『道徳経』（老子）

宇宙（Uni-verse、Uniは単一の意）という言葉が示すように、そして偉大な宗教的伝承のすべてが真実であるとみなしているとおりに、神のほかには無しか存在していない（何も存在していない）。すべてはひとつであり、そうである以上、我々のほとんどが見かけの上で人生を過ごす多元的宇宙に、時間に束縛されながら死を運命づけられている独立した自我が存在しているという思い込みは間違いだ。

自己紹介をするとき、普通我々はまず「私は」と言い、それから名前や職業を伝える。だが調べてみると、この「私」のありかを突き止めるのは不可能であることがわかる。私に名前があるのは間違いないが、私はその名前ではない。同じことが感覚にも思考にも感情にも当てはまる。そうしたものは私ではありえない。というのも、それはいずれも永続せず過ぎ去っていくものであり、それに対して「私」の感覚はずっとあるからだ。「私」は誰なのかという疑問を抱いている「私」は、鏡がそれ自体を映せないのと同じで、自分を調べることができない。

菩提達磨と慧可のこんな対話がある。

慧可「私の心は安らいでおりません。大師様、私の心を静めてください」
菩提達磨「お前の心をここに持ってくれば、それを静めてやろう」
慧可「探してみますと、見つからないのです」
菩提達磨「ほら、お前の心を静めたぞ!」

感覚や感情や思考はただ生じていて、何を感じるか、考えるかをまず決めているような「自分」の存在を裏付けるものはそこにはない。思考のプロセスに注意を集中してみると——思考は感覚や感情と比べると自分で直接コントロールしやすいように思える——、思考が起こる前にそれを考えようと決めている思考主体は見つからない。もちろん、「そうだ、このように考えようと決めたのは自分だ」と言うことはできるが、それは単にまた別の思考だ。それだけでなく、この思考は自分が考えたのだと主張しているその「自分」は、それ自体がその思考を構成している一要素にすぎない。実際のところは、「私」のつぎの思考がどんなものになるかということすら、それが生じてからでないとわからない。13世紀のスーフィー詩人ルーミーの言葉を紹介しよう。

心配を捨てよ。

考えを生んだ人のことを考えよ！

コールマン・バークス編訳〝The Essential Rumi (Castle Books)〟

遍在する活動エネルギーが、思考を創造している〈一なるもの〉だ。この視点からは、精神と脳は思考の生成装置というよりも受信装置に近く、テレビと似ている。テレビを分解しても音と映像の発生源はわからない。同様に、思考を考えている主体が心身の内側で見つかることはない。

活動エネルギー――多の幻想として現れている〈一なるもの〉――が、すべての思考を含むあらゆるものの源だ。それは「私がいる」という単なる思考ではなく、「我あり」という絶対的確信だ。この確信はそれについて考えなくともあなたと共にある。それはそれ自体としてあり、私は大工だ、弟だ、父だ、母だ、友人だ、娘だといったさまざまな相対的ラベルの一部である「私は～だ」に限定されてはいない。そうした一時的な相対的ラベルと同一化している感覚は、〈自己〉による架空の自我の創造を反映している。

喜劇では自分に与えられた役を演じよ、だがその役と自分自身を同一視してはいけない！

ウェイ・ウー・ウェイ〝Why Lazarus Laughed (Sentient Publications)〟

ラマナ・マハルシは「私は誰か?」と問うことによって調べてみるよう勧めた。「あなたは誰ですか」と尋ねられた場合には、どう答えるべきか躊躇があるかもしれないが、「あなたは存在していますか」と尋ねられたときには、そうした不確かさはない。答えは高らかな「はい、もちろん私は存在しています」だ。最初の問いに対する答えが二番目の問いに対する答えと同じほど明確であるとき、そこには理解がある。

　認識されるのは、どちらの問いに対する答えも実際は同じであるということだ。自身の実在に確信を持っているもの――「我あり」というもっとも深くからの確かさ――があなたの本質だ。言い換えるとこうなる。私とは私がいることを知っているこの知である。ヒンドゥー教ではタット・トヴァム・アシ(汝はそれなり)と言われる。旧約聖書において、神は「我は在りて在る者なり」と語る。否定することのできないこの「我あり」は、個人という意味でのあなたではなく、遍在する〈自己〉だ。ラマナ・マハルシは「我あり」という根源的一元性と普遍の〈自己〉を「私―私」と呼んだ。

　この理解から見守っていると、澄んだ青空に雲が現れて跡形もなく消えていくのと同様に、思考が「私」の意識に現れる様子がわかる。そして実際は、思考が私の意識のなかに現れると主張する必要はなく、「意識のなかに」だけで十分だ。思考もほかのあらゆることも単に起こる。すべてのものは、舞台裏で指揮をとる「自分」がいなくともある。天を支えるのにアトラスが必要ないのと同じで、思考に関しても心身機構の一般的機能に関しても自我の存在は不可欠ではない。天の蒼穹を支えているアトラスという名の巨人がじつは一度も存在していなかったことに古代ギリシャ人がどこかの時点で気づいたのと同様に、「我あり」という絶対的確信を支えている自我が一度も実在していなかったと認識することはできる。

　ここに並んでいる言葉を受け入れる必要はない。内側に注意を向け、個別の自己の居場所を突き止めようとしてみれば調べることができる。思考を考える主体、感覚を感じる主体、行為をおこなう主体であるとされるこの「機械のなかの幽霊」が見つかることはないだろう。見つかるとしたら、ひとつの思考として、あるいは文法上の約束事としての主体だけだ。あなたはこの「私」を探しているものなのだが、探求が続いているあいだ、これは見落とされることになる。

　この認識は、宇宙の中心から自我を追い払うコペルニクス的転回だ（脚注参照）。だがそれは、しがみつける新たな概念として扱われるべきものではない。ラマナ・マハルシは誤った概念を皮膚に刺さった棘に喩えた。刺さった棘を抜くのに別の棘（概念）を使ってもいいが、抜いてしまえば両方を捨てる。二番目のものを手放さずにいれば、いつか再び自分に「刺さる」ことになるだろう。ここに並んでいる言葉そのものにおける棘は、それが両方の棘を手放さなくてはならない「あなた」が存在すると言っているように聞こえてしまうということなのだが、実際には何かを手放さずにいられるような人はどこにも存在していない。根源的な「我あり」（誰かが何かであるという二元性のない純粋な存在）という概念は〈純粋意識〉を指す単なるひとつの標識であり、水を湿らせる必要がないのと同じで、〈純粋意識〉は「我あり」という思考を必要としない。〈純粋意識〉がそれなのだ。

私はそれらすべての上にある光であり、
私はすべてであり、
すべては私から現れ、
すべては私に達した。
薪を割れば私はそこにおり、
石を持ち上げればそこに私を見出すであろう。

『トマスによる福音書』

［脚注］ニコラウス・コペルニクス（1473-1543）は、地球ではなく太陽が太陽系の中心であるという考えを示し、中世の世界観を根本から覆した。実際に何かが変わったわけではなく、地球もほかの惑星も軌道から離れることはなかったが、支配的見解が変わり、その結果として以前よりもはるかに単純で洗練された天界地図が生まれた。

11　誰がショーを見ているのか

学校で教師が黒板に「私」と書き、何が見えるか生徒に尋ねたとしたら、生徒の大半は「私」という文字が見えますと答えるだろう。「私」という文字が書かれた黒板が見えますと答える生徒はまずいない。ひとつの文字が注目され、それよりも巨大な黒板が無視されるのとちょうど同じように、あらゆる現象の永遠の背景である〈意識〉を我々は無視している。映画が映されているスクリーンの存在を忘れているのと同じで、〈意識〉には見向きもしない傾向がある。スクリーンはあらゆる映画における不変の性質だが、それ自体として映画に絡むことは決してない。映画は海や曲がりくねった長い道や殺人や山火事を映し出すかもしれないが、スクリーンは湿ったり移動したり血を流したり燃えたりはしない。同様に、〈意識〉もその内容に影響されず純粋であり続ける。

〈意識〉はあらゆる経験の内にあり背後にある一貫した性質だが、我々の注意を非常に容易にすり抜けるものでもある。注意は〈意識〉と同じものではない。人間の脳は、何かに注意を向けると自動的にそれ以外のものを無視するように作られている。星を見れば空間を無視し、この文章を読めばページを無視し、映画を観ればスクリーンを無視する。けれども、無視された空間やページやスクリーンが、我々の注意をつかんでいる星や文章や映画と同じくらい我々の観察の土台を成しているのは明らかだ。これは重要なポイントだが、それは注意の仕組みが〈意識〉と混同されることが多いからだ。注意は、無視されているものとの対比において何かに気づくことを通じて作用するが、〈意識〉は気づかれているものと無視されているものの両方を維持している非二元的空間だ。注意には努力を要するかもしれないが、〈意識〉はただある。現れるあらゆるものは、この〈意識〉のなかにあり〈意識〉に抱かれていて、「向こう側」で知覚されるもの（岩、車、ほかの生き物）も「こちら側」で経験される経験や思考や気持ちもそこに含まれている。この意味において、心身が〈意識〉のなかにあるのと同じように〈意識〉は心身のなかにある。植木鉢に喩えると、植木鉢のなかには空間があり、それと同時に植木鉢は空間のなかにある。鉢を壊しても、この空間に影響することはない。

同様に、心身機構が死ぬとき、〈意識〉には何も起こらない。自分がこの〈意識〉であるとわかるのは、自分が一度も生まれておらず、一度も生きておらず、決して死なないとわかることだ。あなたは生きている〈意識〉そのものであり、それはあなたの心身や個人としての感覚を含むあらゆるものがそのなかで、そしてそこから生じる透明で開かれた空間だ。注意のスポットライトをどこに向けても、〈意識〉の投光照明がすでにそこにある。それはすべてに気づいている——呼吸の出入りにも、突然の物音にも、光にも、地球の裏側のツバメの降下にも。〈純粋意識〉は条件付けられておらず属性も持たない。それは始まりも終わりもなくただ存在し、あなたのどんな努力も必要としない。あなたがもし努力をすれば、〈意識〉は努力なくそれに気づいている。生じるすべては〈意識〉の内容だが、それは鏡がそこに映るものに影響されないのと同様に、〈意識〉には影響しない。鏡と同じで、〈意識〉は何かを受け入れようとも拒もうともしない。判断もせず、どんな立場もとらないが、それは〈意識〉はありとあらゆる立場を含んでいるからだ。道教の哲学者だった老子のものとされるつぎの詩が、このことを説明している。

雁はみずからの姿を水面に映そうとは思っていない。
水には雁の姿を受け取る心はない。

アラン・ワッツ "The Way of Zen (Vintage)"

この本では、本質的にひとつであるものを〈純粋意識〉とその内容とに分けているようにも見えるが、それは単に言語に二元的で線形的な性質があるためだ。現実にはそのような二元性はない。

この二元的な説明では、〈意識〉は永遠のものを意味し、〈意識〉のなかの現れは永遠でないものを意味している。だが、じつはこれは一枚のコインの両面だ。いずれにしても、ふたつの面について語ろうとすると、定義不能なひとつの何かを表すのにやはりふたつのラベルを使うことになる。もしかしたら、山の高さとは谷の深さのことであると言った方が喩えとしては優れているかもしれない。

〈純粋意識〉は、それ自体が今あるとおりにあること以外に何も必要としていない。論理が示すところには反するが、〈純粋意識〉は何かに気づくのに自分の外にある対象を必要としない。別の言い方をすると、〈意識〉は主体であると同時に客体でもある。そのようなものとして〈意識〉は自己発光している。〈意識〉は自己維持、自己意識のフィードバックループであり、言語が使われることでそれが主体と客体、創造者と被造物、〈意識〉とその内容に分かれるように見える。ヒンドゥー教ではこれを蜘蛛のイメージを使って説明する。蜘蛛は自分の身体から蜘蛛の巣を生み出し、そこで遊んでから、巣を自分のなかにしまう。〈自己〉は展開する宇宙的ドラマの壮大なショーを生み出し、それを観ながら、そのなかに、そしてそれとして現れているが、それは夢を見ている人が自分の夢を作り出すと同時にそれを見ながらそこに出演しているのと同じだ。あなた、私、本、椅子、ニュースに出てくるテロリストは、そのすべてが〈意識〉がそれ自体に対して現れているさまざまなパターンであり、それは夢のなかに出てくる人々、家、日の出、怪物がすべて同一の夢の材料から作られているのとまったく等しい。

それ自体の聴衆的側面から、〈意識〉は観照者、ショーを観ている者と呼ばれる。

12　シフト

観照者の概念についてはすでに聞いたことがあるのではないかと思う。観照者は、重心が〈意識〉の一時的内容から〈純粋意識〉そのものへ、個別の個人的自我と一体化した概念から、感覚や思考やほかのあらゆるものが努力なしに生じる透明で開かれた空間へとシフトすることによって認識される。この観照を空間と時間のなかに位置づけるのは不可能なのだが、ある意味でそれは思考や感覚よりも上流にある。それは常にすべての現象の中心にあって、現象の土台となりながら、同時にそれを目撃している。観照はしばしば突然一瞥され、そして再び見かけの上で失われる。そうした一瞥には、初めて自転車に乗れるようになったときに経験する驚きやあやふやな感覚と似たところがあるかもしれない。「ほら、できたよ!」。おそらく気がついただろうが、そう思ったとたんに、たいていはバランスを崩す。

非個人的観照者はそれ自体が観照されることはなく、それは目が目そのものを直接見ることができないのと同じだ。観照者は、観照している個人が存在するという思考を含め、すべての思考に気づいている——そしてそれに先立っている。それが、「私、やっとわかった！」という思考のなかにある「私」との同一化が架空の「自分」の復活である理由だ。そのことを重心が観照者から自我に戻るシフト、もしくは〈意識〉との同一化から内容との同一化へ移るシフトと呼ぶこともできる。しかしそれは、「私、やっとわかった！」という思考に続いて起こる、あくまでも見かけ上のシフトだ。プロセスの文法構造——それは考えるということを思考主体とその考えとに分割する——にあまりにもなじんでいるために、「私」（または自我）そのものが思考の流れの一部であることを我々は忘れてしまう。「私、やっとそれがわかった！」という思考には、切り離された「それ」がわかったとされる「私」が含まれている。この「私」はそれ自体が思考の流れの一部であるために、この流れを観照する者の席につくことはどうしてもできない。それと同時に、自我の幻を超えたところでは、あなたは定義不能でつかむことのできない観照者そのものであり、「私、やっとわかった！」のなかの「私」を含むあらゆる思考が現れては消えていくのを眺めている。この「私」または自我は意識を持った存在であると多くの場合考えられている。実際は自我には意識がなく、観照者が自我を意識している。

　ここで用心しなくてはならない。観照者について話したり考えたりするときに、観照者すらもひとつの概念に変え、そのことでそれを観照の対象である思考の流れの一部にしていることを我々はすぐに忘れる。それは微妙な概念だが、概念であることには変わりない。観照者を、〈純粋意識〉の概念と自我の概念の中間に位置するものとして間違って理解した場合、我々はそれを自分の気持ちや日常の経験と関係を断つための言い訳に使うという罠にはまることもありえる。「いや、僕がみじめな気分になってるわけじゃないよ。僕はその気分を観察してるだけさ」。つらい気分を感じるのを避けて自分の望ましい気分に変えるために観照者という概念を使うとしたら、ものごとを今あるままとは違うありかたに変えたいと思っている「私」と再び同一化していることになり、それによってそのような独立した「私」が本当に存在するという観念が強化される。

観照は、そこへ向かって進んでいくようなものではない。自己改善や精神状態とは関係ない。それはもうすでに完全にあるものを認識することだ。今あるこれは、「私」とその「私」の状態の両方を観察しながら、それと同時に何からも影響されずにある。気分をよくするための新しい方法として観照を扱っているとしたら、振り出しに戻っている。概念的自我と同一化するかわりに、今度は概念的観照者と同一化している――それは依然として独立している同一化した存在であって、身なりが異なっているだけだ。このより守られた視点に立っていると、いつもの幻想にまた簡単に捕まってしまう。対象や概念になったとたんに、観照者は観照されるものの一部になる。真の観照者は経験の対象になることは決してなく、経験に気づいているものとして常にあり続ける。対象物になるとそれは「新たな自我」となり、対象物にならなければそれは〈純粋意識〉——どの方向でも指せる矢がみずからの方向だけは指せないのと同じように、我々が非常に親密にそれそのものであるためにたどり着くことができないもの——と融合する。

こうした言葉のすべては、〈純粋意識〉が実際には抽象概念でもなければ遠く隔たったところにあるものでもなく、今あるとおりのこれのまさに本質であることを忘れさせるかもしれない。我々はそれと完全に親密であり、その親密さは我々はそれそのものだと言った方が正確なほどだ。〈純粋意識〉は我々の真の存在だ。それは開かれていて、透明で、今ここにあり、そうでありながらそれを概念的構造のなかで捕えようとする精神のあらゆる試みを巧みにすり抜ける。

もしかしたら、この見かけ上の逆説について説明するには、我々すべてがじかに知っているものと並べてみるのがいいかもしれない。空間だ。三次元空間は我々を取り囲んでいる。空間は位置を持っているとは言えないが、すべてのものが位置を持つことを空間は可能にする。空間は至るところに見えるが、どう見えるかを言い表すことはできない。空間には味も形も色も実体もない。切ることも傷つけることもつかむこともできないが、すべてがそのなかに現れるものとしての空間を我々は親しく知っている。同じことが〈意識〉にも当てはまる。この空間に似た〈意識〉であるあなたが世界のなかにいるのではなく、世界そして存在するすべてがあなたのなかにある。

シュリ・ニサルガダッタ・マハラジはそれを美しく表現している。

君らは世界のなかに自分を見ているが、私は自分のなかに世界を見ている。君らの場合、自分が生まれて死んでいくが、私の場合は世界が現れて消えていく。

『アイ・アム・ザット私は在る』

マハラジが参照している「私」は、アラン・ワッツが「皮膚に閉じ込められた自我」と呼んだ永続しない個別の自己とは明らかに違う。それは存在するすべてとして生き、現れている非個人的〈自己〉という親密な神秘だ。それは〈二のない一〉、観照されえない観照者、知られることのない知る者だ。

シュリ・クリシュナ・メノンの"Atma Darshan"の初版序文に、このような記述があるのを私は見つけた。

生物は太陽光によって物を知覚する。これにより、生物は物を照らす機能を太陽に重ね合わせることになる。同様に、思考と物は意識のなかで至現する。至現という機能が意識に重ね合わされると、それは観照者となる。実際のところは意識はそれ自体で輝いている。光あるいは至現は意識のまさに本質であり、意識の機能でも属性でもない。

"Atma Darshan"

あなたは本当にこの意識なのだ！　本書を通じてここまでずっとそうだったように、これも文字どおりに受け取ることを勧めたい。もし〈一なるもの〉しか存在しないのであれば、それが存在するすべてであり、あなたはそれでしかありえない——それの一部（離れるもの）ではなく、そのものだ！　千の湖に映る月という魔法の幻影に惑わされてはならない。それでも月はひとつだけだ。同様に、多様性という幻想の催眠にかかってはならない。あるのはそれでもひとつの〈自己〉であり、それが多として現れているだけだ。それはこの現象を観照し、映し出し、生成し、破壊し、包含し、維持しながら、この現象である何もなさだ。

13　手柄なし、過失なし、名声なし

コンピューターの前に座ってこの言葉を書きながら、私は喉が渇いている感じに気がつく。同時に、「紅茶を飲むのも悪くないな」という思考がやって来る。このすべては、まず喉を渇かせて、それから紅茶を飲もうなどと自分で決めなくとも、自動的に起こる。

自分の思考を観察してみれば、思考が勝手に生じていることがわかるだろう。どうかこれをただ受け入れたり退けたりしないでほしい。ごまかすことなく観察して調べてみれば、自分で思考を考え出してはいないことがはっきりするはずだ。この章で示そうとしているのは、行為も自分ではしていないということだ。こうした見方は深く根付いている確信や信念とは合致しないかもしれないが、ここでは習慣的反応として生じるであろう批判を脇に置き、実際にここで示されていることは何なのかを確かめてもらいたい。

見かけ上の決定や選択のすべては思考だ。思考にもとづいて行動するとそれは選択のように感じられ、そして言語によって「選択」というラベルを貼られるが、実際にはもっとも目立つ形で生じる思考が何であれ選択と表現されているだけだ。紅茶が飲みたいという気持ちを私は選択しなかったし、その前にこの段落を書き終えなければというそれより強い気持ちも選択していない。それはひとりでに起こっている。私は自由意志を持たない機械だと言いたいわけではない。自由意志を奪われることのできるような個人は実際ここにいないのだ。「私」という思考も、紅茶や原稿についての思考も、〈純粋意識〉の活動エネルギーの顕現としてただ展開しているだけだ。

この視点に立っていると、生があなたを通じてあなたとして単純に生き、考え、行動している感覚がある。タオイストはこのことをウーウェイ（無為）と呼んだが、そのおおその意味を訳すと「行為がないこと」となる。これは不活発という意味での無為ではなく、すべては——「あなた」の思考も行為も——自然にひとりでに起こっていることを意味する。老子は道徳経でこう表現する。

道は何も為さないが、
為されずにおかれるものもない。(37)

そしてこうも言う。

為されることが減っていき、
そして無為だけが残る。
何も為されないが、為されずにおかれるものもない。(48)

ブッダの言葉ではこうだ。

苦しみは存在するが、苦しむ者はおらず、
行為はあるが、行為する者はいない。

フローのなかにいる感覚は誰もが知っている。そのなかにいると自分がしていることに没頭する。作家は頻繁にこの経験をするが、そうなると言葉が勝手にページ上に溢れ出ていくように思え、つぎの行がどんなものになるか実際に書くまで見当もつかない。アスリートの多くも、突然すべてがうまく回り出し、普段の能力を超える思いがけないパフォーマンスを発揮する瞬間を経験する。愛を交わしているときも、分離した個人性をまったく感じない合一に溶ける瞬間がある。あるいは高速道路を走行中にぎりぎりで事故を回避し、あとになってから「誰が運転していたんだろう」と首をかしげることもあるのではないだろうか。振り返ってみれば、自分自身のことを忘れ、すべてが魔法のようにぴたりとはまるそうした経験を何度もしているはずだ。

そうやって自分自身を忘れることは、友人の誕生日を忘れたり、眼鏡を置いた場所を忘れたりするのとはかなり違う。酒の飲みすぎや精神安定剤の摂りすぎでぼんやりしている状態とも違う。それは敏感かつ活発でありながら忘れている状態だ。フローのなかで没頭しているこの状態が、「無行為の行為」という言葉が意味しているものの味わいだ。

あらゆる活動は自然のグナ（またはエネルギーと力）によってなされているが、自我の錯覚によって、自分が行為主体であると人々は解釈する。（第3章27）

ラマナンド・プラサド訳 "The Bhagavad-Gita (1988)"

フローのなかにいるのは素晴らしい気分だが、行為が自由意志を通じてではなく勝手に起こっているという考え方には当惑するかもしれない。これは西洋の人々に特に当てはまる。西洋人は自由意志をかけがえのない個性という生来の性質として、あるいは正しいことをする強さを持っているかどうかを見るために神から授けられた贈り物や試練として見る傾向がある。無神論者であれば、正しいおこないをできるかどうかが自分の本当の資質を表す尺度になるかもしれない。宗教的な人の場合、これははるかに重大な関心事になるが、それはその人の死後の生活の質がそれによって決まるからだ。

自由意志の観点から見ると、何かが我々を通じて生きているという考え方は相当不快なものかもしれない。そのような考えは自分を単なる操り人形に格下げし、無力な存在として扱っているように思えて受け入れがたい。それだけでなく、自分のなすことすべてが実際には自分自身の行為でないのだとしたら、望ましくないふるまいをする人たちがその行為を正当化するのではないかという恐れも出てくる。そのような議論において見落とされているのは、すべての活動が単一の〈自己〉によるものであり、それが見かけの上で考えたり行動したり選択したりする多様な人物として現れていることだ。これを理由にして好ましくないふるまいを正当化しようとしてもうまくいかないが、それはそこに続きがあるからだ。「雇用主から物を盗むという結果に私を導いた思考は単に生じただけなのだから、私には責任がない」とあなたは抗議するかもしれないが、雇用主があなたを解雇して刑事告訴するという結末へ導いた思考についても、雇用主には責任がない。

究極的には自我は幻であるため、自我から自由意志が奪われることはないし、自我は運命の犠牲になることもできない。自我は行為者でも非行為者でもない。単純に自我には〈自己〉から独立した実体がなく、それは小説の登場人物が彼を描いている作者から独立しては存在できないのと同じだ。物語に出てくるその人もほかのすべての登場人物も作者の想像から生じている。まったく同様に我々すべてが〈純粋意識〉から生じていることが認識されると、自由意志を奪い取られることのできる人がどこにも存在していないことが一瞬にして明白になる。自我の視点が落ちた瞬間に、我々として自動的に現れている神聖なエネルギーの解放的認識が起こる。するとそこには無力さを経験できる人は誰も残っておらず、無力さが単なるひとつの思考にすぎないことがはっきりと了解される。

聖パウロがこう言ったとおりだ。

私は生きているが、それは私ではなく、キリスト――永遠のロゴス――が私の内で生きておられるのだ。（ガラテヤ書 第２章20）

自我を落とさなくてはならないという意見の逆説は、行為者でないとき、何かを落とすことが人にはできないという点にある。起こるのは脱落に似たことであり、それはそれ自体のタイミングでやって来るもので、自我の幻としての性質が非個人的に認識されることにほかならない。この認識は勝手に起こるものではあるが――それはよく恩寵と呼ばれる――、やって来るまで待っていなければならないようなものではない。待つというのは獲得しようとする努力の別形態であり、それは何かを手に入れなくてはならない誰かが本当に存在するという幻想を永続化させるだけだ。

努力すべきでないという考えを頭で受け入れると、それは多くの場合、努力をしないようにする努力につながる。これは心理学ではダブルバインドと呼ばれ、日常の言葉で言うと「あちらを立てればこちらが立たず」の状態だ。

このダブルバインドは、不快なことを意志の力で忘れようとするときに鋭く感じられる。そしてそれはいわゆる自己啓発においても目立った特徴になっており、つぎのような奇怪な思考パターンにつながることがある。

　自分や他人を正そうとする自分の癖を正そう。
　不寛容にこれ以上寛容ではいないぞ。
　もっとくつろげるように真剣に努力しよう。
　もっと忍耐強くなれる日が来るまでとても待てない。
　もっと自然な感じになれるようしっかりと頑張るぞ。
　ユーモアのセンスを磨くために真面目に取り組もう。

今あるものをそのまま受容できる人間になることを、近い将来私は決心する。

確かに少し誇張が過ぎるかもしれないが、これは適応や受容やくつろぎを目指すプロジェクトに自我が乗り出す際に現れる矛盾がどのような原理で働くかを示している。改善すべき自我や取り除くべき自我が存在すると信じているかぎりは、そして自我の改善や除去に向けて進んでいるあいだは、幻はさらに続くことになる。それは鏡をのぞいて自分の顔を見るのと似ている。自分の顔を取り除こうと鏡を磨いたところで何にもならない。単に立ち去ればなくなるのに、それがわからない。わかっているのは鏡をのぞきこむたびに顔がまだそこにあることだけであり、そうするともっと磨かなくてはと思うかもしれない。一日のあいだに我々はのぞきこむのを何度も「忘れ」て、そうしたときは自我の感覚は一切ない。そのことに気づかないのは、そうした瞬間には「私」の不在に気がつく「私」がいないためだ。

個人的自己という偽りの感覚は、思考、記憶（特殊な種類の思考）、感情、条件付けで構成された複雑なシステムだ。この心的構造は心身に何らかの感覚を生じさせることもあって、それはたとえば習慣性の筋収縮や神経発火を通じて起こり、幻を現実としてとらえる知覚の傾向をさらに強める。感じられ知覚されているなら、それは実在もしているに違いないという議論もありえる。その立場を取ってもいいが、自我の幻は我々が自我と呼んでいるものの自体にではなく、それとの同一化にあることを認識してほしい。同様に、砂漠のオアシスの蜃気楼はそれが観察されているあいだは存在していると言うこともできる。もしくは、存在していないと言うこともできる。そのことが問題になるのは、それが本当は何であるのかを認識することなく水がそこにあるだろうと考えるときだけだ。

自我として知られるこの蜃気楼に自分が限定されてはいないことを見よう。あなたは自我として現れているものであり、それと同時に自我に気づいているものだ。自我の概念は我々が考えたり話したりするときに使う構文そのものに組み込まれている。「私には自我がある」と考えるのは単なる思考だが、「私には自我がない」というのも同じように思考だ。その両方に「自我」と共に「私」が含まれていて、どちらの考えも〈純粋意識〉の鏡の上に現れ、そして何の痕跡も残さずにまた消えていく。見るのをやめれば、もうない。

ある弟子がシュリ・アートマナンダに「いつになったら私にわかるのでしょうか」と尋ねた際、彼はこう答えた。「『いつ』が止まったときだ」。普通こう聞くと、人は「では、それはいつになりそうでしょうか」と尋ねる。その答えは、「まさにここで、たった今だ！」でしかありえない。これが実際に意味しているのは、自分を自由にしてくれる恩寵を待つ必要はないということだ。自由を待つ必要はないという言葉は、努力を手放す努力、あるいは待つことが終わるのを待つといったダブルバインドにあなたを再び陥らせるためのものではない。それは単に、〈純粋意識〉の静寂の空間がすでにあることを思い起こさせるためのものだ。〈純粋意識〉は、これらの言葉を読んでいるとき、そして思考が生じてそれが「あなた」の思考として同一化されるとき、それを見ながらそしてそれを含んでいる。〈純粋意識〉はあなたの五感の働きのなかにありながらそれに先立っていて、まさにこの瞬間に現れているすべてのものとしてここに差し出されている。これを受け入れることで、真のあなたであるものが明かされる。無知（無視）のベールの背後にあって、あなたは〈目覚めた者〉そのものであり、現象のこの驚嘆すべきショーに気づいている――そしてそのショーのなかにそのショーとして現れている。あなたは〈意識〉であると同時にその内容の総体だ。

繰り返しになるがここで強調しておきたい。言語の限界のせいで、一方に〈意識〉があってもう一方にその内容があると言っているように聞こえるかもしれない。だが実際は、ここには〈二元性〉以外に何もなく、それは二元性対非二元性という二元性に先立ちながらそれを含んでいる。それをわかったりわからなかったりする個別の存在はいない。あるのはこれだけだ。罪悪感の重荷を背負うことのできる自我や、個人的栄光に浴することのできる自我は存在していないし、いまだかつて存在したことはない。手柄はなく、過失はなく、恥はなく、名声はない――そのすべては、思考も感情も決定も行為も生のうねりからひとりでに生じていることがわかると、問題にならなくなる。

これが信じられずに、自分は自分の人生を指揮している独立した個人なのだとそれでも確信している人には、このちょっとした実験を試してほしい。たった今この瞬間に、高揚した気分を感じるぞと決めて、それを感じてみる。それから一番苦手な食べ物のことを5分間考えながら、それを心の底から欲しがってみる。極刑に関する自分の意見について考え、そしてそれを変える。最後に、自分がつぎに何を考えるかを自分に尋ね、それを事前に知ることができるかどうか確認する。この実験に夢中になっているあいだ、または場合によっては「こんなのは無意味だ」と拒絶する思考の流れを相手にしているあいだ、生という神聖遊戯は魔法のようにひとりでに展開する。

思考や感情や行為は自分のものだという考えが消えていくとき、日々の暮らしの務めをこなす能力が損なわれていないことに気づくだろう。損なわれるどころか、逆に以前よりもストレスを感じなくなる。これが自分だと思っていた人は夢の登場人物として――普遍の役者の数多くの変装のひとつとして――そのまま続き、そうしながらそこには見かけを維持するための必死な努力も、憤りを感じ続ける必要も、空想の未来について心配する意味も、すでになくなっている。

要約すると、自分はみずからの限られた役割を超える存在ではないと考えるのが幻想を受け入れることであり、自分はすべての役を演じている唯一の役者だと認識するのが解放だ。

これに関連して、「人」（person）という単語が古代ギリシャ・ローマの演劇で使われていた仮面に由来していることに注目すると面白い。その仮面はペルソナ（Per-sona）と呼ばれていて、「それを通じて（ｐｅｒ ペル）音（ｓｏｎａ ソナ）がやって来るもの」という意味があった。

14　修行すべきか否か

行為者性の有無を扱った前の章を読んで、霊性修行に関する疑問が残ったかもしれない。修行に出る幕はあるのだろうか。修行は自由、悟り、自己認識へ導いてくれるのだろうか、それとも修行にはまったく意味がないのだろうか。

何よりも先に言いたいのは、自分に起こることはすべてが適切であるということだ。それが今あるとおりのありようであり、したがってそれが〈自己〉のこの瞬間における現れ方だ。今この瞬間、ここに並んでいる言葉を読むことがあなたにとっては適切であり、それはそれがもたらすであろう影響を何であれもたらすことになる。

この章では主として瞑想に焦点を当てているが、ここに書いてあることは霊性修行一般に当てはまる。

もしあなたが熱心な瞑想実践者だとしたら――そのアプローチが悟りにつながることを期待して多くの時間と労力を割いてきたのなら特に――これから読むことは気に入らないかも

しれない。なかには本や講座にかなりの額を費してきた人もいるだろう。そうした本の作者や講座の教師として、瞑想で生計を立てている人もいるかもしれない。

あなたがもし悟りを見出すことを意図してこの修業に高額の投資をしてきたなら、ここで示されていることを吸収するには勇気と頭の柔らかさが要るだろう。これは批判ではないし、邪魔しようとしているわけでもない。近道をして、まさに今この場所で自己認識をしようという招待だ。ここで思い出してほしいのは、自己認識はつかんだり達成したりできるものではないということだ。何といっても、それが自己改善でも自己到達でも自己獲得でもなく、自己認識と名付けられていることには理由がある。自己認識とは、自分がすでにそうであるもの、本当にそうであるものを認識することを単に意味している。

ひとつの実践として、瞑想は休息や脳波の変化や変性意識状態につながりえる。したがって癒しに一定の役割を果たすこともあるし、不思議な体験をもたらすこともある。だが、それは自己認識とは関係ない。そして自己認識は、そうした体験をして、それを思い出し、解釈をする「私」とも関係がない。もし自己認識が何かに関することだとしたら、その何かとは「私」という幻とその「私」の経験の両方がそのなかで起こる気づいている空間だ。瞑想が――ひいてはどのような霊性修行も――今あるものに導くことは絶対にない。これは禅の師であった馬祖《ばそ》（709-788）の話を連想させる。

ある日、馬祖が座禅をしているのを見かけた師がこのように尋ねた。「ここで何をしておるのか？」

馬祖は答えた。「悟りの境地を得るために座禅をしております」

師は馬祖の隣に腰を下ろすと石を拾い、それを磨き始めた。

何をしておられるのですか、と馬祖は尋ねた。

師は答えた。「鏡を作っておる」

「だめです」馬祖は大声を上げた。「そのようなやり方で鏡は作れません」

「それと同じで、座禅を組んでも悟りは得られんぞ」と師は返した。

もし瞑想が起こっているとしたら、それが今あることであり、そこに何も悪いことはない――楽しく踊ったり音楽を聴いたりするときと同様にそれに喜びを感じているのならなおさらだ。踊りや音楽と同じように、瞑想はそれが生み出す恩恵を何であれ生む。

瞑想を学んだ人が自分の真の性質を認識するに至ることもあるが、この同じ認識は作法に従った瞑想を一度もしたことがない多くの人たちにも起こっている。間違いが起こるのは、人々が瞑想を通じて神秘体験をし、それを悟りと取り違え、同じように悟るためといって別の人たちに瞑想を教えるときだ。悟りは体験ではないし、望む目標に徐々に近づいていくような道を段階的に歩んだ結果起こることでもない。そうした段階的な道は厳しい修行や規律で構成されているかもしれないが、自由になるために規律を守ったり自制したりするのは馬鹿げている。それは努力を取り除くための努力、無活動にたどり着くための活動であり、そこにあるのは純粋で動機を持たない存在になりたいという動機だ。

一方で、純粋に瞑想を愛するがゆえにおこなう瞑想は喜びの表現だ。そうした瞑想はどんな瞬間にもどんな場所でも起こりえるもので、一日の決まった時間に特定の姿勢で呼吸を数えながら、またはマントラを繰り返しながら座るといった制限はない。それは多くを求めるものではなく、いつでもここにある〈意識〉の静寂の空間に絶えず開かれていること、そして〈意識〉を祝うことだ。実際にあなたはすでにこの〈意識〉なのであり、すでになっているものになるために何かをする必要はない。自分はまだそこにはいない、自分は修行をする必要がある、「悟りという約束の地」にたどり着くために浄化や鍛錬をしなければならないという強いこだわりだけが、この認識を妨げている。

そして私は非常に厳しい修行を続けた。座禅を組んだ。山に入り、そこで生活した。それ以上は不可能なほどの激しい苦行をした。だがそのすべてが何の役にも立たなかった。仏心の理解には少しも近づかなかったのだ。

ノーマン・ワデル訳『盤珪禅師語録』（盤珪禅師）（1622-1693）

もし、ただ立ち止まることができたら、すでに自分がそこに――というよりもここに――いることに気づくだろう。この常にここにある静止点においては、瞑想をただあることと区別するのは不可能だ。これを受け入れるのは、何かを探し求めても自分自身を改善しても何の役にも立たないと理解することだ。霊性修行に熟練するかもしれないし、その上で探求に行き詰まることもあるが、そうなると、今あるままのこれはとにかく不完全であり、自分の努力でそれを修正し改善しなければならないという考えが肯定されることになる。

これを読みながら、こんな疑問が出てくるかもしれない。「では、できることは絶対に何もないんですか？　はっきりとわかるまでただ座って期待しながら待っているしかないわけですか？」。それに対する答えはこうだ。わかる日がやって来るのを待つというのは、個別のアイデンティティが実在するという前提に依然として立っていて、〈意識〉への目覚めを想像上の未来にしまい込まれたものとして見ている。ひとつでも何かできることがあるとしたら、それは自分とは何かという真実をこの瞬間に確かめること、〈意識〉は完全にここに今あって、そうであるためにどんな努力も必要ないと確認することだ。

この調査によって、悟ろうとして瞑想をするのは平和のために闘うのと同じくらい逆効果であることが示されるだろう。努力のひとつひとつが、まだそこに至っていない個別の存在が本当にいるという幻想を裏付け、強化する。どう考えても、時間を超えたものがあとになってから始まることはないし、常にここに存在するものが今は移動中で未来のいつかの時点で到着する予定になっているということはない。それはたった今この場所にある。「今ここ」と私が言うとき、それは過去と未来に挟まれたはかない瞬間ではなく永遠の現在を意味していて、それは見かけ上の時間の流れを含んでいる。今、この瞬間に、私はここにある言葉を書いている。そして今、この瞬間に、あなたはそれを読んでいる。あなたは完全に今ここにいようと大変な努力をするかもしれないが、どこか別の場所にいることはたとえそう望んだところで可能なのだろうか。記憶をたどる旅に自分の心を連れ出したり、空想に耽ったり、未来の出来事を待っていたりするときでさえ、あなたは今ここにいる。自分が今いる場所まで何歩で行けるか考えてみよう。この瞬間に到着するのにどれほどの時間がかかるだろうか。自分がすでにそうであるものになるためにどのくらいの努力が必要だろうか。

熱心な探求者には、これは過度な単純化とは言えないまでも、少し単純すぎると感じられるかもしれない。そういう人は、何かに取り組んで自分が前進していることを感じるのが好きなのだ。体系的方法や線形的アプローチが好みに合っている。悟り、洞察、平安を達成するためには、修行として瞑想をするのが最高の手段のように思える。そうした探求者は、長い秘教的伝統を誇る正式な瞑想こそが目標を実現するための有効なツールだと考えるかもしれない。そして達成の満足感や自分の偉業に対する称賛を期待する。「ほら見てママ、自我がなくなったよ！」

繰り返しになるが、私がここで探求者に思い出してほしいのは、完全な自由と認識を追いかけるときに生み出される逆説のことだ。作法に従った瞑想にしても、それ以外の霊性修行にしても、そのどれもが全体性のなかで生じていて、そのためにそれが全体性へと導くことはありえない。頭脳の二元的アプローチを用いて問題を解決したり手法を考え出したり概念をつかんだりする知性重視の探求者には、非二元という滑りやすい坂道は特にもどかしい領域に感じられる。そうした人は、知の主体を知ることは絶対に不可能だと知ってはいるのだが、どこかの時点でそれがはっきりと了解されるかもしれない。この「問題」について考えることはできるが、その過程で知の主体をひとつの概念に変えてしまい、もう少しでつかめそうだと思った瞬間にそれがまた知の対象になってしまったことに気づく。知の主体を知ることは永遠にかなわない。この知の主体を頭でつかもうとして二元的アプローチを使っているせいで、自分の背中を見ようと何度も空しく振り返り続けている人と似た立場に自分が置かれていることに探求者は気がつく。

現象の本質は非二元であり、
それぞれが、そのあり方において、
精神の制限を超えている。
「今あるもの」の状態を
定義づけられる概念は存在しないが、
それでもこの洞察が現れる。すべて良し。
すべてはすでに成就しており、
そのために、努力という病を克服したあかつきには、
人は自分が自己完成の境地にあると気づく。
これが観想だ。

チョギャル・ナムカイ・ノルブ『ゾクチェンの教え』（地湧社）

知性は、真の瞑想――それは理解、存在、静寂の追求ではなく、理解、存在、静寂そのものだ――が永久に手の届かないところにあると知る。今あるものの単純な認識は達成ではありえず、それは「私は認識を求めている」式のアプローチから「私」と「求めている」が取

り除かれた瞬間に認識される。

これを認識するための別のやり方は、道を逆向きにたどるというものだ。自分が求めている認識を追いかけるかわりに、その欲求がどこから生じているのかを調べる。そうしてからさらに一歩下がり、「私」がどこから生じているかを観察する。「私」に先立つ静寂とは何だろうか。この何もなさ、この絶対的実在は何なのだろうか。それは何かを得よう、どこかにたどり着こうと懸命になっているだろうか。それは何かになる必要があるのだろうか、それとも「なる」のすべてはそこから、そしてそのなかで生じているのだろうか。

作法に従った瞑想では、脳の周囲を回転させるようにマントラを唱えることで間断なく流れる思考を抑えるかもしれないが、真の瞑想においては思考が自由に生じるのをただ見るだけであり、思考に邪魔をされて困っていると言い張る想像上の自我によってコントロールされなければならない問題含みの障害物として見ることはない。ここでの鍵は、この自我そのものがそれがコントロールしたがっている思考の流れの一部であること、そして自我には思考から独立した実体がないことだ。明らかに、この幽霊じみた操舵手である自我に精神を操縦させて一点集中状態へ導いてもらう必要などない。すべては自由に生じて歓迎されていて、マントラも自我の幻も思考も感情もそこに含まれる。こうした活動に、〈純粋意識〉の静寂の空間に影響を与えられるものはなく、自我はその活動のなかで好きにふるまい、そして

——何の痕跡も残さず——消えていく。

瞑想は悟るための手段ではないし、何かを達成するための方法でもない。
それは平安そのものだ。
それは叡智の実現、あらゆるものがひとつであるという究極の真理だ。

道元（1200-1253）曹洞宗の開祖

15　受容、無条件の愛、至福、このすべて

受容、無条件の愛、至福は、霊性の道を歩む旅人のほとんどがよく知っている魔法の言葉だ。大半の言葉がそうであるように、こうした言葉にもやや曖昧な性質がある。人を惹きつけるものであると同時に、巨大な期待を生み出す。それは我々が求めているものであるが、それと同時におそらく実現は不可能だろうと思える。

子どものころ、鳥を捕えるにはその尾に塩を落とせばいいと言われた記憶がある。あまりに幼くて、そんなことができるならとっくに鳥を捕えているということに気づいていなかった。同様の逆説がこの章で扱う概念にも内在している。たとえば、ものごとを変えようとすることによって完全な受容に達するのは無理だ。その努力は現在の状態を受け入れていないことを示している。努力が放棄されたとき、そこには完全な受容があり、鳥はもう捕まっている。探求者はしばしばこの逆説を無視し、今あるものを完全に受け入れることにどうにか成功すれば自己認識が起こり、その結果として無条件の愛と至福を知ることになるだろうと

期待したりそう信じたりしながら、努力を続ける。

この宇宙全体が〈自己〉の夢だ。我々のアイデンティティは深遠なる〈自己〉である連続体上の概念的参照点であり、無条件の愛、至福、受容といった言葉を使うとき、我々は自分自身の手に手を伸ばそうとしている。

今書いたように、探求者たちは受容が自己認識、理解、そして究極的には悟りにつながることがあると信じている。実際は、受容しようと頑張っている「自分」がこの鳥を捕えることは絶対ない。完全な受容はたった今まさにここで起こっていることだ――未来のどこかで誰かが達成できることではない。受容が理解につながるのではない。受容とは、今あるものは何であれ今の状態とわずかでも違っていることはありえないという理解そのものだ。ものごとは過去の姿とは見かけの上で異なっているかもしれないが、今ある状態と違っていることは絶対にありえない。もっと受容し、もっと思いやりを持ち、もっと喜びに満ちた状態になろうという努力のすべては、幻である自我が、高度に洗練された状態へ段階的に進むことのできる本物の存在としてみずからを確認しようとする試みにすぎない。

〈純粋意識〉は、拒否、嫌悪、絶望の対極としての受容、愛、至福を積極的に実践したりはしない。そのようなことは完全な受容の条件を満たさない。〈純粋意識〉は少しも抵抗せずにあらゆるものを映す鏡と似ている。すべてはわずかな批判もなく受け入れられる。これはたった今自分が自分自身にどう映っているかを含む。よく聞いてほしい。あなたの脂肪、あなたの禿げた部分、あなたの怒り、あなたの疑念、あなたの疎外、あなたの恐れ、それから慰めの言葉のすべてがそこに含まれる。抵抗、拒絶、奮起、心労があるかどうかは関係がない。このすべては観照され、それによって受容される。

単一の〈自己〉としてあり、永遠に完璧であらゆるものに浸透している私が、何かを受け入れ、何かを拒むだろうか。何かが私を喜ばせ、何かが私を悲しませるだろうか。まったく動じず、何にもとらわれずにあり続けながら、私は計り知れないみずからの〈自己〉にやすらいでいる。

アル・ドラッカー編『Self-Realization』(Atma Press)

受容、または自分とは何かという理解は、努力や探求の結果としてやって来ることはないが、努力や探求が脱落したとき明らかになるかもしれない。そのとき、完全な受容、愛、至福がすでにここにあるものとして認識されることもある。自己認識、あるいは自己認知——たった今この瞬間に自分がすでに何であるかを見ることを単純に意味している——は完全な受容と等しい。すべきことは何もないと「あなた」が受け入れることができるのだろうか。

自分が個別の存在としては存在していないことを「あなた」が受け入れることができるのだろうか。もしできるというなら、そうして受け入れることができる人がどこに残っているだろうか。

　起こってくる思考が「これは受け入れられる」と言おうが、「これは受け入れられない」と言おうが、違いはない。〈純粋意識〉は両方を含んでいる——そしてそれによって両方を受け入れている。

　自我は完全に受容する力を持たず、逆に完全な受容に包含されている。自我が空しく願っているのは、努力してもっと受容できるようになることによって崇高な境地である悟りに到達することだ。そしてそれが結果として、永遠の至福、平安、無条件の愛の経験につながるだろうと思っている。だが自我が追いかけているこの賞品は経験可能なことではないし、到達可能な境地でもない。逆に悟りとは、それを経験できる個人が存在するという幻想が蒸発することだ。それが、悟りが「無境地の境地」と呼ばれている理由だ。

　完全な受容、無条件の愛、至福という三つの言葉は、じつは〈純粋意識〉の透明な空間を他の言葉と同様に指し示しているだけであり、それはその空間——ゼロと一を超えた領域——からなされている。この純粋さにおいては性質も形もなく、観照者と観照されるものという概念さえ、そして鏡とそこに映るものという概念さえ溶解しなくてはならない。

それを至福と呼ぶこともできる。何もそれを妨げられないからだ。

それを完全な受容と呼ぶこともできる。それによって拒まれるものは何もないからだ。

それを無条件の愛と呼ぶこともできる。あらゆるものがそれに抱擁されているからだ。

この壮麗な単純さ、この公然の秘密、この親密な明晰さが、存在するすべてだ。それは自分を家に迎え入れているあなた自身だ。あなたはこれなのだ。

16　身体についてはどうなのか

　ここまでは、身体をほとんど無視してきた。身体についてはどうなのだろうか。身体は単なる肉片なのだろうか。我々の寺院、玩具、道具、それとも負担なのだろうか。健康状態や年齢や条件付けによって、身体はこのいずれかであるか、あるいはその組み合わせかもしれない。この章とそのあとの章では、身体について、そして身体が死んだとき我々に何が起こるのかについて調べていく。

　我々は身体を固体だと思っているが、詳しく調べてみるとその正反対のことが明かされる。身体は骨と柔組織に分かれ、それが細胞に分かれる。さらに拡大していくと、原子――宇宙のあらゆるものを構成する要素――にたどり着き、それは主に何もない空間で構成されている。原子は互いから限りなく遠く離れていて、それは星と星がかなり隔たっているのと似ている。身体を形作っているすべての原子を可能なかぎり小さく圧縮すると、ピンの頭になるかならないか程度の大きさになる。原子はさらに亜原子粒子に還元され、それが分かれてエネルギー・無になる。つまり、身体の見かけ上の実体は結局空間に溶け去ってしまうのだが、それでも不思議なことに身体は固体として経験される。

探求者であれば、あなたは身体ではないという言葉を一度以上は聞いたことがあるのではないだろうか。たとえばこのように語られる。

私は身体ではなく、
身体は私ではない。
私は意識そのものだ。

トーマス・バイロン訳『アシュターヴァクラ・ギーター』(11―6)(ナチュラルスピリット)

主要宗教は、身体が個人の不死の本質あるいは魂の一時的乗り物であるという点では一致しているようだ。多くの人々がそれを信じていると言うが、それでも結局のところ天国行きはあとにしたいし、葬儀は通常は喜ばしいというよりも悲しい行事だ。死すべき身体に宿った不死の魂であるという見方を支持すると言いながら、実際には我々のほとんどが身体を自分だと思いながら、自分を身体として経験している。このことは人が自分について話すのを聞いていればわかる。たとえばこうだ。私は疲れた。私は強い。私は病気だ。私は生まれた。

私は死ぬだろう。

苦痛と喜びに関する身体の許容能力が、安心と満足を求める旅へと我々を向かわせる。身体との同一化が時間の知覚と組み合わさり、我々は自分が死すべき運命にあると信じるようになる。望みと恐れを未来に投影し、自分に必要だと思えるものは何でも追いかける。それは平安と安心かもしれないし、地位と快適さかもしれないし、愛と承認かもしれない。ただし、そうした奮闘にはありがたくない双子の兄弟がいて、それは恐れと呼ばれている。言い換えれば、何かを手にすることを望んでいるというのは、それを手にできないのを恐れているということを上品に言い換えているだけだ。人生で何かを作り出すという積極的な旅の途上にあるときでさえ、このアプローチが引き起こすであろう否定的側面に対処しなければならない。たとえば自分やその生活環境を改善しようとするとき、実際に我々が言っているのは、ものごとが今とは違っていることを望んでいるということだ。つまりこれは、どこかのレベルでは現状に満足していないことを意味する。

我々の惑星を支配している文化は、成長と改善に向かって絶えず努力するよう仕向けるが、それは今あるとおりのこれは十分ではない、これは違うというしつこい感覚を生み出すことがある。こうした考え方に従わない人たちは嘲笑され、宿命論者として扱われたり、意欲や覇気に欠けるとされたりする。そうした「上昇あるのみ」の姿勢は、自然がそれ自体を表現している循環的なあり方とは正反対だ。潮の満ち干き、月の満ち欠け、四季、誕生と死はそのいくつかの例だ。

「休むことのない直線的前進の神話」を受け入れていると、より良い人間になろうとして、またはより良い未来を手にしようとして、あるいはその両方を目指して、気が狂ったように努力するかもしれない。どれだけ努力をしても多くの場合に気づくのは、人生が計画通りには進まないこと、そして求めていたまさにそのものを手にしたときですら期待していた喜びはせいぜいしばらくしか続かないことだ。何度も何度も繰り返し新しいものが古くなり、そして喜びの瞬間が過ぎ去っていくなかで、我々は再びつぎの新しい何かを探し始める。シュリ・アートマナンダは、目標を達成したり欲しいものを手に入れたりするときに経験する快感がそうした達成や獲得の結果だと考えるのは誤っていると指摘した。我々の真の性質である原因のない喜びは欲求を満たすことで生じるのではなく、欲求を持たずにいるその一瞬に遮るものなく輝くのだ。

「何を願うかに気をつけろ」という言葉は誰でも耳にしたことがあるはずだが、これは欲しいものを手に入れると往々にして思いがけない副作用がもたらされることを意味している。たいていの人はぜひとも宝くじを当てたいと思っているが、当選後に予想外の問題につぎつぎと見舞われて不幸せになっている人が多いことはよく知られている。欲しいものを手に入れても手に入れなくとも、失望という結果に終わりえる。満たされることがないというのがまさに欲求の性質であり、そのために平和の希求のような「善良」な欲求でさえ求めている平和から我々を遠ざけることになる。

一般的に苦しみは二元的見方から生じていて、そこでは見かけ上の物質で構成された世界と概念上の自分のあいだにあると感じられる違いが欲求と恐れを生み出す。身体との同一化に特に関連して言えば、自分は一時的にしか存在しない死を免れない個人だという思い込みから苦しみが生まれる。同一化した状態にあるために、身体が衰えたり病気になったりすることに気づくと、自分が衰えている、病気になっていると考える。

身体の生存は時間のなかのプロセスであり、身体の継続を望む思いは自分自身の消滅に対する恐れにほかならない。我々は身体の存続を自分自身の存続と同一視しがちであり、身体の寿命を延ばそうと多大な労力を費やすのが一般的だ。奇妙なことだが、多くの人がその過程で健康や全体的な調子を顧みず、文字どおり自分を死に追いやるケースもある。昨年よりずっと多くのものを手にしたとしても、まだ十分ではないと感じるかもしれない。当然ながら、これで究極の安心が手に入ったと言えるような未来は決してやって来ない。そのような未来を追いかけるのは、背に乗せた人間が鼻先にぶら下げているニンジンを食べようとするロバのようなものだ。ニンジンも未来も、そこに近づこうとするのと同じスピードで遠ざかっていく。ここでの皮肉は、望む未来を目指して進んでいくほど、我々の恐れている死が次第に近づいて来ることだ。たいていは、存在しているのは今あるとおりのこれという現在の完璧さだけであることが、ほとんど認識されていない。もし一瞬だけただ立ち止まり、力を抜いて単純に今にいたら、生は時間を超えた実在として認識されるかもしれない。立ち止まるといっても、それは隠遁者になるべきだという意味でも、一日中ベッドにいて何もしないという意味でもない。それが意味するのは、恐れと欲求に突き動かされながら時間に縛られ死を運命づけられた個人として存在しているという幻想を見抜くことだ。それが見抜けるとストレスや努力から行動が生じることがなくなり、自分を独立した行為主体としては見なくなる。この無二の瞬間は完全、完璧であり、それ自体が報酬であるという確かさのなかで我々は完全に生きることができる。

　身体の死すべき運命を「自分の」死すべき運命にすることなく抱きしめるのは、自由をもたらすビジョンだ。死ぬ運命や無防備さに対する恐れは、何があろうとしがみつき続けたい生を台無しにしかねないが、自分は身体でしかないという幻想を信じるのをやめると、その恐れが溶け去る。この時点で緊張が解け、生の自然な流れを味わえるようになる。ものごとはそれ自体のために「なされる」。行動は遊戯であり、遊戯が行動だ。

　自分を身体と同一視しなくなっても、それは無感覚になるという意味では必ずしもない。

つま先をぶつければやはり痛いし、健康に無頓着でいれば不快な結果が待っているのも変わらない。すべての感覚が麻痺して味気ない無関心に変わるわけではなく、感覚は自然に生じて消えていくようになる。経験や思考や感情にマイナスやプラスの点をつける傾向が収まっていき、いわゆる「プラス」の出来事に執着しながら「マイナス」から逃げようとすることも減っていくかもしれない。こうして「そのままにする」ところに自由がある。大きな振幅を持つ感情や思考は依然として生じるが、それは身体内に住んでいる架空の「自分」を参照しなくなる。痛みは生じるかもしれないが、抵抗がそれを悪化させることがなくなる。楽しさが生じたときに、それを捕まえておこうとして駄目にすることがなくなる。永遠の真の〈自己〉は、多くの一時的現れのひとつとして身体を見る。これは、老化や病気のような身体の変化、そして最後に起こる身体の死は自分に対して起こるのだという視点と一体化した状態と、どれほど違っていることだろうか。

身体は縛り付けられている
その本来の特性によって。
それはやって来て、しばし留まり、行ってしまう。
だが真の自己はやって来ることも行ってしまうこともない。

なのになぜ身体のことで嘆き悲しむのか。

トーマス・バイロン訳『アシュターヴァクラ・ギーター』(15-9)

欲求とそれに起因する苦痛のすべてが、個々の人間が別々の心身として存在するという思い込みに由来していることがはっきりわかると、自分は身体ではないという見方を受け入れやすくなるかもしれない。

身体はまやかしであり、
それが感じる恐れもまやかしだ。
天国と地獄、自由と束縛。
すべてが作り話だ。
どうして私がそんなことを気にかけようか。
私は意識そのものなのだ。

トーマス・バイロン訳『アシュターヴァクラ・ギーター』(2-20)

ここでの秘訣は、この考え方を不快な気分や消滅の恐れから逃れるためのまた別の戦略に変えてしまわないようにすることだ。自分は身体ではないという考えや願いは、自分は身体に一時的に閉じ込められている不死の魂だという観念に通常は変換される。だがそれはこの本が言っていることとは違う。これが言っているのは、海がひとつの波だけの存在ではないのと同じで、あなたはその身体だけの存在ではないということだ。死を運命づけられ時間に縛られたこの現れと一体化しすぎて、あなたは見かけの上で全体像を忘れてしまっている。

その全体像とは、心身は有限の経験をしている無限であるというものだ。あなたは無限そのものであり、星が宇宙のなかに存在しているのと同じように、身体はあなたのなかに存在している。自分は本当に誕生、生存、死を超えた永遠の空間であるという認識は、すべての一時的現れ——身体、経験、思考、感覚、草、木、あなたの隣人、聖人、テロリスト、パーティションの向こうにいるジョン、夕方のニュースに出てくる政治家などすべて——がこの背景のなかで、あるいはこの背景に対して現れていることをはっきりさせる。もう一度言わせてほしい。あなたはこの背景であり、それに対して現れているものもあなただ。あなたは永遠のものと一時的なものの融合であり、〈二のない一〉だ。

ここで差し出されているのは、自分は個別の人間だというこの感覚を溶かして広大な〈自己〉に戻し、一時的なものとして存在する心身との排他的同一化という幻想から抜け出そうという招待状だ。ただあり、もう一度真の輝きのなかで自分自身を知り、誕生と死という実体のない鎖から自由でいよう。

自分は身体だと思っているせいで、
長いあいだお前は縛られてきた。
自分は純粋意識だと知れ。
この知識を剣として
鎖を断ち切れ。
そして幸福であれ！

トーマス・バイロン訳『アシュターヴァクラ・ギーター』（1－14）

17　往生を遂げる

死は光を消すわけではない。
夜明けが来たから明かりを消しているのだ。

ラビンドラナート・タゴール（1861-1941）
インド、ベンガルの詩人、小説家、教育者。1913年にノーベル文学賞受賞

死が生の最大の神秘のひとつであることは間違いない。我々が確かめることのできる範囲を超えた事象であるため、死は強い好奇心、そして恐怖と陶酔を呼び起こす主題だ。先へ進む前に重要な区別をしておかなければならない。それは、死ぬことに対する恐れは死に対する恐れと同じではないということだ。前者は身体の非常に実際的かつ常識的な特徴だが、それに対して後者は空想と虚偽の奇妙な融合体であり、精神に属している。動物は死ぬことに対する恐れならわかるが、私の知る限りでは死に対する概念的恐れはよく知らない。

死ぬことに対する恐れとは、飛んでいる飛行機からパラシュート無しで降りたり、鉄道の

線路上でピクニックを計画したりするのを思いとどまらせるものだ。それに対して死に対する恐れは、精神が自分がもはや存在していない未来を投影するときに起こるものであり、より抽象的だ。精神が自己の消滅を前もって悲しんでいると言ってもいい。命が尽きてしまい、そのあとは永遠に何も起こらない奈落に留まり続ける未来を思い描いて震え上がり、存在しないということがまるである種の経験として起こりえるかのように、寒くて何もない暗黒の空間に生きたまま永久に葬られるような体験でありえるかのように、この虚空からあとずさりする。

皮肉なことに、命にしがみついていると充実した生き方を妨げることになりかねず、その結果、死ぬことに対する恐れは生きることに対する恐れになる。この恐れは生の単純な喜びの多くを犠牲にする。たとえば自転車に乗る場合、防護用の覆いやヘルメットを身につければより安全になるかもしれないが、田園地方のゆったりとした旅の楽しさにそれが寄与しないことは明らかだ。健康に気をつけるのはいいことだが、それは抑制的な強迫観念にもなりかねない。生計を立てようとする努力が加速の止まらない闘いと化し、ストレスやノイローゼやさらに悪い結果につながることもある。

死の恐怖はさまざまな宗教的信念体系の核心にあり、そこでは輪廻や死後の生の可能性が語られる。だが、この生の向こうに本当に何かが*ある*のだろうか。この疑問についてしっかりと調べてみると、誕生してやがて死んでいく個人が本当に存在しているという前提がそうした話の土台にあることに気づく。

自分は身体だと信じていれば、死は絶対確実に思える。自分は身体に宿っている魂だと信じているとしたら、身体は死に、本質的な「自分」であるものは生き残ると考える。「破滅」のあとも生き続けるのは最初は素晴らしいことに思えるかもしれないが、それは賭けだ。何を信じているかにもよるが、つぎの回で「劣った乗り物」が割り当てられてしまう可能性は常にある。もしくは天国行きという特賞を受け取る資格が与えられず、それどころか永遠の業火に苦しめられることになってもおかしくない。だがこのすべては信仰、望み、恐れに関することであり、経験可能なことではない。死後の生への望みも死に対する恐れも、自分は時間に縛られた死を免れない個人であり、死神が自分を捕えに来たときにろうそくの火は吹き消されるだろうといった誤った思い込みから生じる。こうした恐れや憶測すべてに対抗できるのは、本当の自分は時間の外側にいて不生不死であるという認識だ。あなたは場であり、誕生と生存と死はそのなかに現れる。

聖フランチェスコやほかの人たちによって、死ぬことで永遠の命が得られるだろうと伝えられてきた。スーフィーは「死ぬ前に死ななければならない」と言う。この死とは、独立した個別の自己という幻の死だ。「私」が取り除かれるとき、死は獲物を奪われる。

「自分」の視点から見ると、これは死後の生に関する疑問への答えとしては不満の残るものだ。これは、あなたが自分だと思っている幻には死後の生は存在しないと言っている。だがここでの朗報は、真のあなたであるものには死が存在しないということもこれが断言していることだ。

現代の医療技術によって、医師たちは以前なら死と診断されていた命の際の向こうから人々を救うことができるようになった。そうして救われた人々の多くが臨死体験について語ってきた。入手できる情報に照らすと、そのような体験には真剣に受け止めるだけの価値があるが、それが実際に何を意味するかについては憶測の余地が残る。そうした報告の解釈は当然ながら主観的なものであり、報告内容がたいていは体験者の文化的背景に影響されているという事実もまた、解釈をさらに面倒なものにしている。臨死体験を死後の生の証拠ととらえる人たちもいれば、すべてが説明可能だとして懸命になっている人たちもいる。

臨死体験では何らかの境界が知覚されることが多く、体験者はその先に進んでしまうと後戻りは不可能になると考える。この本の視点から言うと、その境界を超えて行くことは最後のステップそのものであり、それを超えると個人性は広大な〈自己〉に再び融合する。確かにこれはイアン・スティーブンソン博士による広範囲にわたる研究と矛盾するように見える。生まれ変わりに関する彼の著作はよく知られていて、彼は数多くの事例を調査しているのだが、そのなかのいくつかは生まれ変わりが存在する可能性を示唆する非常に説得力のある議論となっている。

だが、たとえスティーブンソン博士の事例研究を信ずべきものとして受け入れたとしても、それは必ずしも個人の魂が「身体の渡り歩き」に関わっていることの証拠にはならない。間違いなく考えられるのは、あらゆる役割を演じている単一の〈自己〉なら、ロビン・フッド役を演じながらジュリアス・シーザーの行動を知っていてもおかしくないということだ。そうであるとしたら、前世を思い出しているのはロビン・フッドではなく普遍の役者であり、彼がロビン・フッド役として現れながら別の「演技」のひとつを知っていることになる。これはふたりの登場人物に共通の類似した「構成要素」がいくつかある場合には、より容易に起こるかもしれない。つまりそれは「再び」肉体に宿ったジュリアス・シーザーではなく、絶えず肉体として具現している単一の「自己」なのだ。これは、ショーの終わりにロビン・フッドに幕が下りたとしても、役者は何も影響されないままでいることを意味する。

生まれ変わりに関してはさらに別の見方もでき、そこでは今あるままのこれが存在するすべてであること、そして万物の総体として現れているこの本質的一元性には過去生のものとされる記憶を持った見かけ上の個人という幻も含まれていることを見る。だが忘れてはならないのは、こうした解釈があくまでも、本質として非線形である現実を比喩的、線形的に表しているにすぎないということだ。ここでいくつかの説を紹介したのは、生まれ変わりの証拠はさまざまに解釈できることを示すためだ。

このすべてでは、死は死であってとにかくそういうことだと言いたいがために書いたわけではない。ここで認識すべきは、不死とは死ぬ運命にあるものを永続させるという意味ではないこと、そして無限は有限の延長ではないということだ。死すべき運命と有限性を超越するとき、自分が本当に死を超えていることを見出す。逆説的だが、これを認識するためには死ぬ覚悟が必要となる。輪縄に捕えられたうさぎと同じで、我々は抵抗によって罠から逃れられなくなっている。罠にかかっているうさぎでも我々でも同じだが、出口は入口だ。こうして死ぬとき、自分を有限の存在として定義している分離の感覚を手放すことになる。この繭から抜け出す——有限の自己感覚を手放す——ことは我々が何よりも恐れるところだが、それはそこに必然的に「自分」の根絶が伴うからだ。「不死クラブ」に入るためには個人として存在する感覚を入口に置いてこなくてはならないことを考えると、永遠の命への扉が大きく開け放たれていることは自我にとってはありがたくもない慰めだ。

いつものことながら、自我が幻だとしたら「私」にはそれを手放すことができないという矛盾に我々は陥る。「自分」が自分の自我を取り除くという考えは、罠自体を捕えるために仕掛けた罠と同じほどしか当てにならない。自我は命に、そして自分は個人だという観念にしがみついているようだが、実際のところ、自我の問題はまさにそのしがみつきそのものだ。それは、水泳を習うときに水にしがみつこうとすると必ず沈むのに似ている。つかもうとするのを諦めれば不安が消え、そうすると浮かんでいられることに突然気がつく。

冗談は、説明されて初めてわかったときよりも、自分でわかったときの方がいつでもずっと面白い。それと同様に、こうして自我について説明し尽くそうとしたところで、それが思いがけない明け渡しのきっかけになることはないかもしれない。だがもし長いあいだ強烈にしがみついてきたのであれば、突然ひとりでに手が離れる可能性は高い。この明け渡しが起こるとあなたは笑うことになるだろうし、力を抜き、催眠状態から脱し、ただ自分でいることがどれだけ楽かに気づくだろう。言葉で説明すると難しく聞こえるかもしれないが、これは複雑でも単純でもない。それは透明な静寂の空間であり、そうした二元的概念よりも前から——そしてそうしたものに永久に影響されることなく——存在している。このことが認識されると、誕生と生存と死は自分に対して起こるのではなく、自分のなかで起こることがわかるはずだ。

物心がついたときから、あなたは〈自己〉の一時的な姿である身体を見知っていて、それが自分だと思ってきた。これからは、永遠とつかの間の統一体としてあり、これを自分の真のアイデンティティとして認識する（再び知る）ことだ。ここに、たった今この瞬間に往生を遂げようという招待状がある。幻想を手放し、実際はすでに誕生からも死からも自由であることを認めよう。

お前はずっと同じものだ。
喜んでいても悲しんでいても、
希望を抱いていても絶望していても、
生きていても死んでいても。
お前はすでに成就している。
自分が溶け去るままにせよ。

トーマス・バイロン訳『アシュターヴァクラ・ギーター』(5-4)

18　光で目がくらむ

死刑判決を受けた兵士の話がある。死刑執行の日、彼は荷車に乗せられ絞首台へ運ばれる。見納めになると思い周囲の風景に見入っていると、素晴らしい静寂が訪れる。冴えわたり透き通った統合と調和のなかで世界が姿を現す。死ぬことに対する恐怖が消え、深い平安の感覚に包まれ、神との神秘的合一のなかで自分とあらゆる被造物がひとつになる。そしてまさに最期の瞬間、王がその兵士に恩赦を与える。彼は自由と命を取り戻すが、楽園のビジョンを失う。残りの人生をそのビジョンを再び味わおうとする絶望的な探求で費やす。酒浸りになり、何年かして孤独なアルコール依存者として死ぬ。

私の場合、体験は21歳のときにやって来た。いくつかのことがあって自分にはもうあとがないと感じ、万事休すとなったそのとき、自分を圧倒していた絶望がふいに消えたのだった。ビートルズのアルバム『レット・イット・ビー』の曲「アイヴ・ガッタ・フィーリング」がステレオから流れていて、それが自分の奥深くの何かに触れた。大きな空間が開いた。存在するすべてを包み込むほど自分が拡がったと言っても、自分が完全に消えたと言っても、どちらも同じように真実だ。永遠、それを以前の私は終わりのない時間だと理解していたが、それは時間の不在として現れた。あらゆるものに命が吹き込まれ、その瞬間が来るまでは無生物だと思っていたものも命で満ちていた。すべての存在物が共通の源を持っていて、創造の最初の日と破壊の最後の日が等しく今にあることがわかった。宇宙は大きくも小さくもなかった。宇宙は大きさ、位置、時間といった相対的属性のすべてを超えた文字どおりの〈一なるもの〉として姿を現した。相対的レベルでは、あらゆるものの目的は完全な調和という入り組んだモザイクのなかでほかのあらゆるものに奉仕することだと示されたが、森羅万象の総体は目的を超えたものとして現れていた。それが今あるとおりにただあるのを私は見た。それ自体の原因と成就を。

以前なら本当に重要だったことが、もはや問題ではなくなった。家の窓から見える人々は、自分が本当は誰かを知らないふりをしているけれども、実際には「わかっている」ように見えた。その体験がおさまりつつあるなかで、こう考えていたのを覚えている。「この有限の人物のふりをしながら、どうやって日常生活を続けていけばいいんだろう。どうすれば仕事に行ってまたいつもの仕事をすることができるんだろう」。結果的には以前と同じ生活を完璧に続けることができた——だが自分がそうと気づいていないときでさえ、すべてはあるべきようにあるのだという確信は残った。

兵士の物語と私個人の話に共通するのは、このふたつの話が、始まりと終わりのある体験として語られる永遠のビジョンを示していることだ。これは神秘体験、超越体験、至高体験といった名で呼ばれてきたが、その名称は実態を正確に表している――体験なのだ。

そうした体験の内容は体験者の性格や社会文化的な背景によってそれぞれ異なっているように見える。だが本質的にはすべての至高体験が人と神（もしくは自分にしっくりとくる別の名称）の単一性を語っていて、さらに空間と時間を超越している点でも似通っている。それは悟りを求めている人々が期待する種類の体験であり、多くの人たちがそれを悟りと取り違えてきた。私もそうだった。しかしそこでは、体験とその体験を思い出して解釈を加える「私」の両方がそのなかで生じている静寂の背景が往々にして見落とされる。鏡に似たこの〈意識〉にとっては、そうした体験は流れ過ぎていくひとつの雲にすぎない。

何年ものあいだ、その体験は私にとって心の慰めと混乱両方の原因となった。普遍的一元性のビジョンのはっきりした記憶はあったが、それはいつも感じられるわけではなかった。その体験に関する私の初期の解釈は、もしすべてが〈一なるもの〉であるなら、すべての人、すべてのものがこの一元性の一部だというものだった。のちに、これが言語の罠であることに私は気づいた――つまり、もし本当にすべてが〈一なるもの〉ならば部分は存在していないし、その一部になれるようなあなたも私もいない。この心身の「私」は、すべての人々のなかでひとりひとりとして生きている「私」と同じであることがわかった。我々すべてが多様な衣装を身にまとった同一の〈自己〉だと言えば、おそらく比喩としては適切なのではないだろうか。

それと同時に、自分の行動に責任を負った個別の存在だという矛盾する感覚もまだ残っていた。単純明快な「これがそうなのだ、私はそれだ、あれはそれだ」に至る前は、「それの一部」として存在しているという概念があったために、より良い部分になろうと自分をどうにかしようとしていた。禅の三祖である僧璨《そうせん》の作『信心銘』では、「善」を「悪」に勝たせるために精神を使って精神に働きかけることに関して、つぎのように述べられている。

真実をはっきりとつかみたいのならば、
善悪を気にしないことだ。
善と悪の対立は
精神の病だ。

アラン・ワッツ“The Way of Zen”

いわゆるスピリチュアルなものごとに対する関心は続いていて、新物理学、ガイア理論、それから進化上の飛躍が人類に差し迫っているとする思想などのテーマと神秘体験の類似点に関する興味も依然としてあった。

少し経つと、アドヴァイタ、タオイズム、禅といった非二元の教えに惹かれる気持ちが改めて生まれた。それは関心の復活のようなもので、『道徳経』、『アシュターヴァクラ・ギーター』、『禅の道』などを再読し、さらにトニー・パーソンズ、ラメッシ・バルセカール、ネイサン・ギルなど多くの人たちの新しい本を読んだ。おなじみの言葉が新たな方法で自分にはっきりと語りかけてくるようだった。失くしていたパズルのピースがはまった感じがあり、それと同時に間違った場所にあるものは何もないことも明確に示されていた。

私はウェイン・リカーマンに会ったが、それは彼が師のラメッシ・バルセカールと一緒に開いていたセミナーでのことだった。彼やラメッシのような人たちの存在を味わうために参加していると私は彼に伝え、セミナーで話し合われている事項については頭では完全に理解できているから質問はないと説明した。彼は、「そうか、でもまだ君は『私』が理解していると言っているね」と答えた。それは言語の意味論の話であるように思えたため私は特に反応はしなかったが、その言葉はともかく心に残った。それは頭に繰り返し浮かび続け、濾過されてハートに達し、そしてついにこう言った。「実際は、それを理解する『私』は存在していない。単に理解があるだけだ」

現在、「私」は「生における自分のアドレス」として、そして文法上の約束事や便宜のために残っていて、その言葉を使うことにためらいはない。だが、ありかを突き止めたり、つかんだりできるような客観的な「自分」は存在していない。以前起こった神秘体験が悟りでなかったことは明白だ。「私」がこの体験をするという観念が、「私」が非二元的体験をするというややこしい逆説を生み出した。今では、いわゆる神秘体験はワインを飲んだり愛を交わしたり買い物をしたり雨のなかを歩いたりするのと同じで、ひとつの経験であることがはっきりわかる。そうしたすべては自分として起こっているだけであって、自分に対して、あるいは自分によって起こっているのではない。経験がそのなかに現れては消えていく静寂の背景を、「悟った」と思っていた「自分」は見落としていたのだ。

誤解しないでほしい。以前はよくわかっていなかったが今の私はわかっているという意味ではない。今はっきりしているのは、わかることのできる「私」がいないということだ。誰かが悟るという概念全体が妥当性を失ったのだ。悟りが到達可能な目標であるように見えるのは、個別の存在や自我があるという幻想が続いているあいだだけだ。禅ではこれは「門無き門」と呼ばれてきた。その前に立つと門はあるように見える。門を通ってから振り返ると、そこに一度も門がなかったこと、そこを通れるような誰かもいなかったことがわかる。

最初に書いた神秘体験は——死刑宣告を受けた兵士の話も私の体験談も——、どれほど魅力的に聞こえたとしても結局は「光で目がくらんでいる」にすぎない。理解が起こるためにそのような体験をする必要はない。真の理解は神秘と日常のあいだ、非凡と平凡のあいだ、経験とそれを経験する者のあいだにある見せかけの境界を破壊する。それは光輝、単純さ、そしてこの見かけ上の二元性を超えたところにある自由を——自由になる必要からの自由も——明らかにするだろう。

自由がある——
自由でなければという思いからも
霊的であるよう努めなければという思いからも自由だ。
これは目覚めと眠り、光明と無明の
二元性を超えている。
これはものごとが今あるとおりにただあるという
そのありようにくつろぐことだ。

アルジュナ "How about Now?"

これが指しているのは絶対的自由であり、条件付きの相対的自由ではない。自由が実現される上で満たすべき条件がまったく何もないというのが絶対的自由に固有の性質だ。自由になるために特別な体験をする必要はない。そのような出来事が起こるのを待っていると、解放を必要とする「あなた」が本当に実在しているという間違った思い込みを煽ることになる。そこで期待されているのは超越的体験かもしれないが、そのような経験を本当にしたとしても、それは解放ではなく罠になりえる。体験をした人は感激して、その状態が永久に続かなければいけないのだと結論づけるかもしれない。

スザンヌ・シーガルの書いた"Collision with the Infinite（無限との衝突）"という本がある。そこで語られているのは、個人的自己が存在しないことを突然認識して驚愕したひとりの女性の話だ。彼女は探求者ではなく、ヨガや禅やアドヴァイタといったことには興味を持っていなかった。自分は正気を失っているのだと彼女は考え、精神科医や心理学者に助けを求めた。だが彼らは彼女の力になることができなかった。ある時点で彼女は非二元の考え方に触れることになり、そこから状況は良くなりはじめた——自分でミーティングを開催し、スピリチュアルな道を歩んでいる人たちの手助けを始めるほどに。

本が終わる前に、彼女は病気になって死ぬ。彼女の友人ステファン・ボディアンが本のあとがきにこう書いている。

「けれども彼女の人生が終わりに向かいつつある時期に私たちの目に入ってきたのは、得たはずの認識が指のあいだから砂のようにすべり落ちてしまい、苛立って混乱している彼女の姿でした」

スザンヌ・シーガル“Collision with the Infinite”
（ナチュラルスピリットより刊行予定）

スザンヌ・シーガルは特異な事例であり、彼女の状況には脳腫瘍も絡んでいたのだが、「ザ・体験」が――あらゆる経験と同様に――一時的なものに終わると、それを個人的な失敗として誤って受け止めることも一般的に起こりえる。死刑宣告を受けた例の兵士のように過去の体験を追いかけ続けることにもなりかねないが、それはつぎの話に出てくる役者の片方と同じで完全に的を外している。

ふたりの男があなたの方に向かって歩いてくる映画を観ているところを想像してほしい。砂漠のシーンだ。頭上からは日差しが照りつけ、遠くには巨大な山脈が見える。男のひとりが立ち止まって連れの男に言う。「これが全部幻影だってことがわかるか？　ひとつの光が姿を変えて、俺たち、太陽、空、この景色全部に見えてるだけだってことが」。連れの男は困惑しているようだが、男は続ける。「今見えてるこの世界全部が平らなスクリーンなんだ。俺たちのまわりには空間がぐるっと囲んでるみたいに見えるけどな」

連れの男は少し心配になってくる。あまりの暑さで変になっているのかもしれないと。それでこう尋ねる。「気分が悪いってことはないか？」

「まったく元気だよ！　急にはっきりわかったんだよ。この全部がものすごくよくできた単なる幻影で、ひとつの背景の上に映ってるだけだってことが」

「そうかな」と、連れの男は少し嫌になってくる。「それじゃあ、その背景ってのを見せてくれよ」

「いいよ、ほら、ここだよ。ちょうどここで俺たちに触れながら、俺たちを載せてる。見えてるもの全部がここに含まれてるんだ」。男は向きを変え、スクリーンを指差す。連れの男はその指の先を追ってみるが、遠くにある山々が見えるだけだ。

もし〈純粋意識〉の「スクリーン」の上に超越的な体験が生じるのならば、それはそれでいい。生じないとしても心配は無用だ。そうした体験をしてもまだ探求を続けている人たちはいる。そうした体験を一度もしていなくても、自分が本当は何であるかをはっきりわかっている人たちもいる。人間の経験は絶えず変化を続ける流れだが、その流れが生じている〈純粋意識〉の透明な空間は変化しない。存在しているのはこの実在だけで、それが万物全体として現れていて、それは最遠の銀河から最小の生物までのすべて、空間と時間の幻想から、ひとりの登場人物としてのあなたの現れ方までのすべてを含んでいる。この総体――生じるものと生じるものが、そのなかで生じているものの両方――があなたの真のアイデンティティだ。自分がすでにそうであるものでただあるために、できることも、しなくてはならないことも、そして起こるのを待たなくてはならないことも絶対に何もない。

まあいいから
とにかく腰をおろせ。
何もしないことだ。ただ休め。
なんといっても
神からの分離ってのは
世界中でいちばん骨の折れる仕事だからな。

ハーフェズ作／ダニエル・ラディンスキー訳“Love Poems From God”

19　概念と比喩

最後の何章かに入る前に、本書で触れてきたいくつかの概念と比喩をもう一度検討してみよう。それはさまざまな角度から概念や比喩について考察する機会になり、そしてまた真の〈自己〉を一貫して指しながら、自分がそれであることを確かめることにもなる。こうした概念を説明するために詩や引用や物語が使用される。加わりたいなら歓迎だ。関心のない人はこの章を単に飛ばしてもいい。

繰り返すが、ここで検討する概念は真実そのものではなく、真実の方向を指そうとしているだけだ。それは指先自体に触れようとしている指先と同じで、それが無理であることは承知しながらも、触れるのを諦める気にはどうしてもならないのだ。

遊戯

11世紀のペルシャの詩人オマル・ハイヤームは書いた。

内も外も、上も、下もどこも、
すべてが魔法の幻燈で、
中心で太陽が灯る箱のなかで
われわれ幻の人影が回転しながら
現れては消えていく。

オマル・ハイヤーム『ルバイヤート』（岩波文庫ほか）

この魔法の幻燈のなかに個人は存在していない。すべての登場人物を演じながら動かしている〈普遍の人形遣い〉――だけが存在している。それは多として現象している〈一なるもの〉であり、かくれんぼをしている神であり、この万物全体を動かしながらあなた、私、ほかのすべてのふりをしている原初のエネルギーだ。

神ではないものが存在しているように見えるが、それはただ神がそうしたものを考え出し、自分とかくれんぼをするためにそれに変装しているためだ。ばらばらに見える物体で構成された世界は、したがってわずかのあいだ実在しているだけで、永久に実在するわけではない。それというのも、〈自己〉が隠れたり自分を見つけたりするたびに世界が消えたり出てきたりするからだ。

アラン・ワッツ『「ラットレース」から抜け出す方法』（サンガ）

男女の人形――ジョンとケイトと呼ぼう――が口論する様子を人形遣いが演じているとき、観客から見えるのは口論をしているふたりの人間であり、人形遣いは隠れていて見えない。実際にはこのふたりに命はなく、命があるのは人形遣いだけだ。人形遣いは男と女の役を同時に演じながら、ふたりの口論を続かせている。ふたりは怒りを表現しているが、人形遣いは怒っていない。目に見えない人形遣いはふたりの登場人物でありながら、それと同時にどちらでもない。つぎのようなやりとりが思い浮かぶかもしれない。

ケイト　「どうして私たち揉めてるの？　ジョンとケイトなんて人は存在してもいないのに！」

ジョン「何の話だよ？　存在してるに決まってるだろ。お前の姿は間違えようがないくらいはっきり見えてるよ」

ケイト「私たちは個別の存在みたいに見えてるだけ。本当は〈一なるもの〉しかないのに。で、この〈一なるもの〉が幻のあなた、幻の私の両方を動かしてる」

ジョン「しょうもないたわごとにしか聞こえないよ。俺の知らないことをお前が知ってるんなら話は別だけどさ」

ケイト『あなたが知らないことを知ってる『私』なんて存在してないの」

ジョン「そうか、自分が何を言ってるかもわからないって認めるんだな」

ケイト「知ってるのは、私のなかにいながらケイトの役を演じてる〈それ〉なの。それはあなたの役を演じてるのと同じエネルギーで、知らないっていう演技をしてるだけ」

ジョン「おい、お前は俺がわざと知らないふりをしてるって言うのか？」

ケイト「そうじゃない、ジョン。私は何も言ってない。ただ、ここで言われてるのは、あなたも私も存在してないってこと。私たちは幻影よ。何かがあなたと私のふりをしてるの」

ジョン「悪いけどケイト、意味不明だよ。お前が言ってるのはまるっきりのでたらめだ。俺らが存在してないなら、この会話がどうやって成り立つんだ？　議論に負けそうだからって煙に巻こうとしてるだけじゃないのか。本当に問題なことについて話す方がいいよ、たとえば……」

演技

我々は単なる操り人形だと言いたいわけではない。この話が示しているのは、我々は操り人形として現れているそれであるということだ。別の喩えを使うと、あなたは役者であって役ではない。自分の限られた役や自我が実在すると思っている人は、悪者を演じながら演技に没頭しすぎて自分が本当は誰かを忘れてしまった催眠状態の役者と似ている。催眠の幻覚から覚めると、悪者が一度も存在していなかったことに彼は気づく。自分が本当は役者だったことを悪者が認識したと言えば、それは不正確になる。自分が悪者ではないこと、一度も悪者ではなかったことに気づくのは役者だ。役者が役を演じ続けようとするなら、それを止めるものは何もないが、彼が自分を悪者だと思うことはなくなるだろう。

探求者に対して、あなたは〈普遍の役者〉（またはそれ）だと伝えると、その人は自分――たとえばジョン・ドウ――がそれなのだと結論づけるかもしれない。それはジョン・ドウとして現れるが、波が海の「ふるまい」であって海が波の「ふるまい」ではないのと同じで、ジョン・ドウがそれなのではない。子どものときに聞いた物語を思い出す。

ある哲学者（名前は失念した）が神の神秘に思いを巡らせながら海辺を歩いていると、遊んでいる子どもに出会った。その子は自分で砂浜に掘った穴に小ぶりのバケツで海から水を移していた。哲学者はしばらくそれを眺めた末に、何をしているのか子どもに尋ねた。「海をこの穴に入れてるんだ」とその子は答えた。

哲学者は微笑んだ。「海をそこに入れるのは無理だろうねえ」

その子は一瞬考えてから言った。「おじさんが神様の神秘を自分の頭のなかに入れようとしてるのにくらべたら、僕が海をこの穴に入れられる可能性の方が高いでしょ」

元の比喩に戻ると、役者がジョン・ドウという登場人物を「知る」ことは可能だが、ジョン・ドウが役者を知るのは絶対に無理だ。ジョン・ドウを演じている役者は永遠のものであり、ジュリアス・シーザーを演じていても、マハトマ・ガンディーを演じていても、ジャンヌ・ダルクを演じていても、菓子屋の店番をする娘を演じていても、同じままだ。ジョン・ドウは一時的な役であり、役者から独立した実体を持たない。

ここで再び言っているのは、あなたは――ジョン・ドウとしては――絶対に「わかる」こともなければ悟ることもないということだ。見ている主体であるものを見ることは決してできない。あなたはどんなときでも、存在するということを「している」ものだ。自分はジョン・ドウだという幻想の背後には、悟りあるいは自己認識がすでにある。

扉があり、その鍵は見つからなかった。
覆いがかかっていて、その先は見えなかった。
我だの汝だのというおしゃべりが聞こえていたようだが、
そのうちに汝も我もなくなった。

オマル・ハイヤーム『ルバイヤート』

魂を持っていることについて

命を吹き込んでいるこのエネルギーを感じる人たちの多くが、それを自分のエネルギー、自分の魂、自分の霊と呼び、普遍的で非個人的なエネルギーではなく自分独自の個的本質であると信じている。現実には、このエネルギーと別に存在しながらそれを感じられるような人はどこにもいない。エネルギーそのものが自己を意識していて、そうしながら自分は魂を持った個別の存在だと信じている登場人物として現れている。劇の一部として、そうした登場人物が永遠を感じ、死んだあとも生きるだろう、もしくは新たな生命の形で生まれ変わるだろうと信じていることもあるかもしれない。ある意味で、それは正しい。この本質は不死で、新たな形のなかに、または新たな形として絶えず生まれ変わっている。〈自己〉は今回の生において劇の一部として「前世」を思い出し、個人が存在しているという幻想を強化するかもしれない。心に留めておくべきは、この生命エネルギーは個的な魂ではなく、非個人的で分割されていない〈自己〉であって、それが前世の記憶を持った登場人物を含む存在するすべてとして現れているということだ。

それを〈ひとつの実体〉と呼ぶこともできる。山、星、雲、そして思考や気分や感情、自由意志と個人性の感覚を備えた身体・精神・ハートの複合体といった無数の形態に姿を変える「宇宙粘土」だ。この〈ひとつの実体〉が、存在するあらゆるものの本質的性質だ。それがとるさまざまな形態は実体そのものから切り離せない。だが幻想があまりに強力であるために、我々はそのことを見抜けない。いくつもの美しい彫像を見て、それを形作っている粘土のことを忘れてしまうのと似た状態かもしれない。その粘土が「ひとつの魂」、あるいは影像に共通する本質だ。

自分がこの〈ひとつの実体〉であること、それがとっている単なる一時的形態のひとつではないことがはっきりすると、独立した魂を持った個的な「自分」が存在するという思い込みは落ちる。

オンとオフ

この本質あるいは生命エネルギーについて検討するもうひとつの方法は、それを非顕現宇宙と顕現宇宙のような見かけ上は対極にある万物の単一の源として見るというものだ。顕現と非顕現の両方がこの単一性のなかで、この単一性から生じる。それは二を知らない〈一〉であり、対象化も概念化もできない究極の主体だ。非顕現として、それは休息していると言ってもいい。ビッグバンによって——あるいは創世記の筋書きを通じて——時間の始まりが告げられ、非顕現が顕現となって活動を始めたとも言えるかもしれない。

人間の視点から知覚されるとき、宇宙の劇はこちらとあちら、上と下、あなたと私、善と悪、誕生と死といった相互依存的両極のあいだで演じられる。

天下の誰もが美を美として見ることができるが、
それは醜さが存在するからだ。
善が善であることは誰でもわかるが、それは悪が存在するからだ。

馮家福／ジェーン・イングリッシュ訳『道徳経』

もしくはこのようなものもある。

すべての被造物は、この視点からすると、それ以上減じることのできないこの土台から作られている。すべての山、すべての星、極めて小さなサンショウウオや森にいるダニ、頭のなかの考えのすべて、発射される弾のひとつひとつが、基本原理であるイエスとノーから作られた織物だ。

ケヴィン・ケリー"God is the Machine"(Wired Magazine ２００２年12月号)

この言葉は神秘主義のテキストからの引用に見えるが、実際には雑誌"Wired"に掲載された計算法に関する記事から引いている。アラン・ワッツはそれをゼロ・ワン・アメイズメントと名付け、フロイトは同じパターンを認識しながらも、それを性に由来し性を示唆するものとして解釈した。イエスとノー、インとアウト、上昇と下降のすべて——それは性的なインとアウト、上昇と下降も含む——が同一の基本的リズムであること、それらを通じて根底にある統一性が現れていることをフロイトは見逃したのだろうか。

この見かけ上の二元性は現象のゲームには不可欠であり、それはチェスで黒と白のコマが欠かせないのとよく似ている。あるレベルでは黒と白は対立しているが、別のレベルでは単一のゲームを形作っている。

電気が陽と陰の粒子として届き、あらゆる種類の玩具、道具、機械を動かすのと同じで、単一の〈自己〉が、見かけ上の個別の人間の役に完全に没頭している無数の登場人物を含む存在するすべてを作動させ演じている。伝統的に、普遍の役者は目覚めと自己認識のゲームを比較的少数の登場人物を使って演じてきた。だがこれは変わりつつあるのかもしれない。今では「ベールが薄く」なり、目覚めから神秘性が除かれ、あなたや私のような普通の人たちがつぎつぎと本当の自分とは何かを認識しているように見える。

電気の比喩

命を吹き込むこの力を電気に、そして心身機構を電気器具に喩えると、興味深い類似点に気づく。この話には身体が死んだとき何が起こるかという点についての示唆も含まれている。

電気は潜在的エネルギーとしてずっと存在してきたが、現象として現れるためには稲妻やスチームアイロンのような媒体を必要とする。世界中に無数の電気器具があって、果物を混ぜることから電話をかけることまで、スペースシャトルの操縦から映画の上映まで、爆発物の点火から集中治療室での生命徴候の監視まで、数多くの仕事をこなしている。その活動はさまざまだが、こうした機械はすべて同一のエネルギーから動力を得ている（活性化されているとも言える）。フルーツミキサーが故障しても電気には何も起こらない。壊れてしまった機械に命を与えていたものは、それ自体としては壊れていない。

人間機械に命を吹き込んでいる非個人的エネルギーは思考も生み出しており、その思考によって、自分が活動の源でありみずからの活動に責任を負っているのだと、この人間機械は考えている。言い換えると、自由意志と責任を持ったひとりの人間としてのこの「自分」の感覚は、実際のところ非個人的なこの生命エネルギーのひとつの活動なのだ。深奥の〈自己〉が、「私はこれこれで、あれやこれをしています」というメロディーを無数の心身機構という楽器を使って奏でている。それは多様性の幻想、創造と破壊の壮麗なダンスであり、時間を超えた実在のなかに現れている――本質的にワンマンバンドだ。

大地の最初の土で最後の人間をこね上げ、
そして最後の収穫物から種を蒔いた。
そう、天地創造の最初の朝には書かれている、
最後の清算の夜明けに読み上げられるであろうことが。

オマル・ハイヤーム『ルバイヤート』

一緒に踊ろう

もちろん、ダンスの終わりに到達するためだけに自分が踊っていることに気づくのは悲しい事態だ。もっとも純粋な形態においては、踊ることはそれ自体のための動きであって目的はない。それは今の瞬間に起こっている表現のほかに存在する理由を持たない。踊りの本質的な無目的性は、生やそれが生きられるさまを表すのにしばしば使われるメタファーであり、ルーミーのこの詩にも出てくる。

踊れ、打ち砕かれたときは。

踊れ、包帯を切り裂いたなら。
踊れ、戦いのそのさなかに。
踊れ、自分の血にまみれて。
踊れ、完璧に自由であるときは。

コールマン・バークス編訳 "The Essential Rumi"

生の舞踏として現れている神は、インドではリーラとして知られている。リーラとは、万物の活動として表出するダイナミックなリズムを刻みながら遊んでいる〈自己〉だ。宇宙のはるか彼方で厳かに回転している銀河から亜原子のレベルで目まぐるしく回転する粒子まで、太陽を回る地球の軌道から我々の身体細胞の生命活動まで、鷲の飛翔からろうそくの火に向かって飛ぶ蛾まで、それは多岐にわたる現象として現れる。

この脈動する力強いエネルギーの発露にはその発露そのもの以上の目的はなく、まさにこの無目的性のなかにその無限の歓喜がある。この楽曲に耳を傾ける人にそれが差し出す公開の招待状は、ずっと続いている絶え間ない流れを認識し、それと共に進み、理由のないその歓びに明け渡そうと誘う。この招待が受け入れられるとき、自分の真の〈自己〉に近づこうとするどんな歩みも一歩余計であることが火を見るよりも明らかになる。この「舞踏」へ明け渡すとき、生がリードし、そしてひとつひとつのステップが〈自己〉による〈自己〉からのものとなる。このとき踊る人々のあいだの境界がぼやけて消えていき、そして舞踏だけが残る。道程が目的地であり、すべてはひとりでに起こっている。人は絶えず新たに出発し、そして自分の本当の家の暖かいくつろぎに絶えずたどり着いている。このリズムを感じる自由な人間は、星や空間や音や静寂と同じようにただ起こる。

（略）そこに過去と未来が集まる。
そこから離れる動きでもそこへ向かう動きでもなく、
上昇する動きでも下降する動きでもない。
その地点、動かないその一点がなければ、
どんな舞踏もなく、
そして舞踏だけがある。

T・S・エリオット（1888－1965）

静寂、何もなさ、ハートについて

静寂について語ることは矛盾のように思える。言葉として発したその音は、明らかに静寂を破るからだ。我々のほとんどが、静寂は音の対極にあり、音は静寂を破ると習ってきた。だがこれを違った形で理解すると、目にとっての空間が耳にとっての静寂であることに気づく。空間内で物体が知覚されるとき、空間が破れたとは思わない。同様に静寂のなかに音が現れるとき、静寂は破られていない。空間が物体を包含しているのと同じで、静寂は音を包含している。これに気がついたとき、ひとつひとつの音が静寂に囲まれている。

空間と静寂はそのどちらもがさらに精妙な何か――〈純粋意識〉という静寂の空間――を巧みに指し示している――そしてそのなかで生じている。サイクロンの目や嵐の中心は静かだ。それは車輪の中心にある何もない空間と似ている。そのように見ると、空っぽさとは力のある何もなさだ。それはその周囲を嵐が回転するものであり、車輪が軸の回りを回転することを可能にするものだ。あるいはフルートの中央の中空部分について考えてみると、それはフルートが音色を響かせるための空間を提供している。これもまた、この現象全体が生じるのを可能にしている〈純粋意識〉という創造的空っぽさを指し示すものになりえる。

三十の輻《や》が車輪の軸につながっている。
それを役立つものにするのは中央の穴だ。
粘土をこねて船を作る。
それを役立つものにするのは内部の空間だ。
部屋に取り付ける扉と窓枠を切り出す。
それを役立つものにするのは穴だ。

馮家福／ジェーン・イングリッシュ訳『道徳経』

我々のまさに中心で生きている空っぽさを測ろうとすると、その末端も境界も見つけることができない。それは二元的制約のすべてを超えている。それは我々の真のハートであり、それと同時に我々の周囲至るところにある。

ハートについて語るとき、我々はそれを知性と対立するものとして、または知性を補うものとしての感情と直感のありかを意味するものとして扱うことが多い。ここで重要なのは、感情と知性の両方が同じ単一の源から生じているという認識だ。この源を、ハートのなかのハート、存在の真の中枢的核心、不動の絶対的何もなさと呼んでもいいが、それは理性で捕まえようとするありとあらゆる試みをすり抜ける。

この何もなさに関する観念を作るのが絶対不可能であることを自分で確かめてほしい。それに関するどんな観念も何かであり、したがって無ではない。それをどうにかして思い描こうとすると知性は軋みながら停止する。この何もなさは理性には突き通せない障壁だ。だが理性を離れるとそれは温かい風呂であり、ハートのなかのハートへの帰郷となる。

基本に戻る

探求のすべて、霊性修行のすべて、理解への努力のすべては、今あるままのこれの明白で単純な真実を覆い隠す。どんな思考が生じても、どんな感情が現れても、そしてそれに良いと悪いのどちらのラベルが貼られても、起こっていることすべてに静かに気づいている不動の何かがある。それはただあって、わずかな努力もしていない。指を鳴らしてみよう。音が聞こえただろうか。どれほどの努力が必要だっただろうか。ゼロだ！　今、まさにこの瞬間、〈純粋意識〉はここに並んだ言葉を読んでいるあなたの静かな背景だ。それがそこにあるためにあなたがすべきことは何もない。それは常にあるが、あまりに近すぎて近づくことはできない。目が目自体を見るには近すぎるのと同じだ。

〈純粋意識〉というこの静寂の空間は、我々が注意と呼んでいるものとは違う。注意はあちこちへさまよう。ほんの数秒のあいだに、注意はこのページ上の文字から腕のかゆみへ、そして昨夜の性交の記憶、さらに請求書の支払いを済ませなければという思考に飛び、それからページに戻る。飛び回る注意の動きは〈純粋意識〉のなかで起こる。注意は動くが〈純粋意識〉は不動のままだ。あなたがどんな状態にいようと――熟睡していても、夢を見ていても、目が覚めているときのあらゆる活動においても――〈純粋意識〉はある。あなたの身体、あなたの車、犬はすべて〈純粋意識〉のなかで起こる〈純粋意識〉の現象だ。どのような姿で現れていても、〈純粋意識〉は〈ひとつ〉であり続ける。

〈純粋意識〉には判断がない。善か悪か、正しいか誤っているか、やすらいでいるか動揺しているかは関係ない。〈純粋意識〉はこうしたすべてが生じることを可能にし、そしてすべてがまた消えていくのを見る。時間切れになって現象宇宙が消滅するときも、〈純粋意識〉はそのままある。

手を放して〈純粋意識〉に（または〈純粋意識〉として）くつろぐのは世界中でもっとも自然なことだ。努力も試練も探求も必要ない。だがもし努力したいのなら、あるいはもう少し探求したいのなら、それもまったく差し支えない。それで神経がすり減って疲れても、非常に穏やかになっても、〈純粋意識〉はわずかな努力も判断もせず、そのすべてを映す。

静かに座し
何もなさず
春訪れて
草おのずと茂る

松尾芭蕉（1644-1694）禅の詩人で俳句の父とされる。

言語の限界

非二元に関する本を読んでいると、ほかの本と真っ向から対立している表現や概念や比喩に出会うことがあるかもしれない。一冊の本のなかに正反対の表現が出てくることすらあるだろう。

例としてこのようなものがある。

- あなたはそれだ／あなたは存在しない
- 究極の理解／理解すべきことはない

・悟り／悟りなどない
・すべてはそれだ／すべては幻にすぎない
・真我のみが存在する（アドヴァイタ）／真我など存在しない（仏教）

これは、見かけ上の矛盾に陥らずに自己認識について何かを言うことが基本的に不可能であることを示している。何を言ったとしても、それはその正反対のことと同程度に正しいか、同程度に間違っている。非二元的で非線形的であるものを二元的で線形的な言葉の連なりで把握するという問題を回避するために、比喩や寓話をそれが単なる概念にすぎないことを説明しつつ使うという努力ならできるかもしれない。だがそれでもやはり自分の唇にうまくキスをするのは無理だ。

たとえば、「〈純粋意識〉はあらゆる概念を超えている」という簡単な文を例にとってみよう。〈純粋意識〉に「概念を超えている」というラベルを貼ると、それを新たな概念として対象化してしまう。ヒンドゥーの人々は語られえないものを指し示すのに、それを「ネティ、ネティ」、つまり「これではなくこれでもない」、あるいは「これでもあれでもない」と表現した。ヘブライ人の場合、それは発音不能な神の名 Yod-He-Vau-He だ。どのようにしたところで、我々はこのことについて語ったり考えたりすることによって、それをひとつの概念にしてしまうという限界から逃れられず、そのためにそれはそれを定義しようとするありとあらゆる試みを永久にすり抜ける。それは永久に逆説的で親密な神秘、解かれない問題、不変の答えであり続ける。

　線形的で二元的な表現様式である言語に適したことがらについて語るときでさえ、人々がそれぞれの言葉にどのように違った解釈を与えているか、そして伝えられていることを人々がどう理解するかを知るのは単純に不可能だ。（ピーター・セラーズの映画『チャンス』は、この種の混乱を題材にした素晴らしい物語になっている）

　ここまで触れてきた見かけの上で矛盾した概念は、そのすべてがあなたの真の〈自己〉を指し示していて、したがってそれは事実に基づくものでも虚構でもない。どちらかといえば、こういった概念は寝室の窓に向けて投げられた複数の小石のようなものだ。何度か窓に当たる音が聞こえ、ベッドから起きて外を見て、そこに恋人がいることに気づいて驚く。自分の目を覚ましたのは正確にどの小石だったのか、そんなことが大事だろうか。

20　空間と時間の夢

時間とは時計によって示されているものである。

アルベルト・アインシュタイン

「素敵な女性を口説いているときは、１時間が１秒のように感じられます。真っ赤に焼けた炭の上に座れば、１秒は１時間のように思えるでしょう。それが相対性です」

アルベルト・アインシュタイン

夢のなかでは太古からの山々や海や星や惑星に出会うかもしれない。人々や動物、都市や森が現れることもある。数日、または何年もの月日が過ぎていくのを経験するかもしれない。夢を見ている人にはそのすべてが非常にリアルだ。噴火する火山から逃げる夢を見て、その恐怖があまりに強烈で動揺して目が覚めるが、その時点で、自分の宇宙についさっきまで存在していた火山や物や人々がどうなったのかはもはや気にならない。この目覚めた状態の視点からは、夢は数秒しか続かなかったように思えるかもしれない。夢のなかの時間、空間、夢の世界を占めていた物体はどこにあったのだろうか。夢を見ていた人のなかにあったと言うことはできるが、夢を見ていた人が夢のなかにいたと言っても同じように本当だ。このよくある経験がはっきり示しているのは、物体と空間と時間で構成されている世界のような一見すると堅固な現実も、実際は幻である可能性が十分にあるということだ。

（略）私たちの世界、そしてそのなかに存在するすべてのもの——雪片からカエデの木から流れ星から回転する電子にいたるまで——もまた幽霊のような画像にすぎないこと、私たちの知る現実からあまりにもかけ離れているためにそれこそ空間も時間も超越したレベルのリアリティからの投影であることを示す証拠がある。

マイケル・タルボット『投影された宇宙』（春秋社）

「現実世界」においては、空間と時間はいわゆる物体や出来事、そして観察するものと観察されるものの相対的な空間関係、時間関係を構成している。この視点から見ると絶対は存在しないが、そのことはウィリアム・ブレイクのこの言葉を連想させる。

一粒の砂に世界を
そして一輪の野の花に天国を見るには、
手のひらに無限を握り
そして一刻のうちに永遠をつかめ。

ウィリアム・ブレイク著／ダンテ・ガブリエル・ロセッティ編『無垢の予兆』（1863）

人間は、事象が過去や未来の出来事として知覚されるときの参照点としてここに現れている。知覚対象は観察者よりも歳をとっていたり若かったり大きかったり小さかったりするように見える。速く、またはゆっくりと動いているように見えたり、観察者から遠いところに、または近くにあるように見えたりする。一方向では、空間は外側に向けて果てしなく伸びながら比較的巨大な物を包含していて、その反対方向では、無限に小さいものが天秤を釣り合わせている。人間は常にこの両極のあいだの位置を占めている。さらに言えば、人間の相対的位置と観測が基準であり、それなしではこのふたつの極はまったく現れない。

噴火している火山の夢に戻ることにしよう。夢を見ている人は夢を包含しているが、それと同時に夢のなかで相対的位置を占めている。夢のなかにあるものは、岩であれ雲であれ、気持ちであれ思考であれ、人々であれ動物であれ、そのすべてが「夢の材料」から作られており、夢の登場人物としてその人はこのように言うことができる。

影と同じで
私はあり
そして
私はない

ディーパック・チョプラ編"The Love Poems of Rumi"

ここで、〈自己〉が同じようなやり方でこの現象世界を夢見ている可能性を考えてみよう。夢を見ている人が自分の夢に現れるのと同じで、〈創造者〉が自分の創造する現象世界のなかに現れながら、それと同時に現象世界は〈創造者〉のなかに現れている。夢と同じで、〈彼〉は宇宙劇全体を〈彼〉自身から生み出している。

〈彼〉は〈彼〉の現れのなかに隠され、〈彼〉が隠れるなかに現れる。
〈彼〉は外向きで内向きであり、近くて遠い（略）

ムハンマド・アルカラバディ著／アーサー・ジョン・アーベリー訳“Doctrine of the Sufis”

夢見られているこの「現実」の実体は〈純粋意識〉――ものごとの材料である夢――だ。この現実／夢のなかに精神が現れ、そして空間と時間のなかに境界を創り出すことによって、分割のないこの全体の上に個別の物質や出来事という幻想を重ねる。

質問させてほしい。「あなた」という出来事はどこで始まったのだろうか。誕生だろうか、受胎だろうか、それとも祖父母の祖父母が出会ったときだろうか。どこに線を引いてもそれは恣意的なものとなり、それが示しているのは作られた境目だ。日常生活というゲームにおいては、そうした概念的境界は助けになる。だが我々の大半は、それが完全に概念上のものであることを忘れて久しい。

〈意識〉は自己発光していて、自身の外側にあるものに気づいている必要はない。別の言葉で言うと、〈意識〉は存在するすべてだ。普遍の夢のなかでは、我々が夜に見る夢と同じで、これとあれ、近くと遠く、過去と未来、自分と他人といった幻想が生じ、それが空間と時間の相対的経験を生み出す――だが空間と時間はそれ自体としては実在しない。この宇宙内の「精神が生成した物体」は一時的事象であり、その大きさや形態は他の事象との関係においてのみ存在する。だが究極的には、空間や時間によって隔てられた個別の物体や出来事は存在しないし、夢そのものにも決まった大きさや時間枠は存在しない。夢と夢を見ている人は、〈自己〉を意識しているまったく同一の実在だ。

ポチャン、ほらそこだ！
それのほかに何もなく、それは物ではなく、宇宙の隅々までを満たしている！
山、川、世界のすべて、お前も誰もかも、すべては〈ひとつ〉の体の顕現だ。

仏教の詩

夢の登場人物としてのあなたは一時的事象であり、夢を見る者としてのあなたは空間と時間を超えている。この認識に目覚めるとき、夢のなかで自分のように思えた人のことを気にしないのと同じように、自分の個人的物語に煩わされることがなくなるだろう。

これは無関心になって感情を失うという意味ではない。面白い小説を読んでいるときは、それが架空の話だと気づいていたとしても登場人物や展開する話の筋に熱中する。同様に、夢のなかの登場人物として現れているあいだは夢から目覚めることはなく、そのかわりに夢へと目覚めるかもしれない。

21　夢へと目覚める

明晰夢とは、夢のなかで目覚め、それが夢だと気がつき、気づいたままで夢を続けることを意味する言葉だ。分離の幻想を見抜くことを明晰夢と呼んでもいいが、それは生という夢から、あなたが目覚めるのではなく、生という夢へ、と非個人的に目覚めることだからだ。どの地点からなら、幻はそれ自体が幻であることを見抜けるのだろうか。行為者とされる人が行為者でなくなるには何をすればいいのだろうか。どの思考が思考者を思考の向こうに連れて行けるのだろうか。答えは「そんなものはない」。ルーミーが言っているとおりだ。

「誰が私をここに連れてきたにせよ
その者が私を家に連れていかねばならない」

この「帰郷」は自我、世界、時間と空間の架空性を明らかにする。このすべてが一瞬の閃光のうちに消えたりはしないが、自我の幻の本質をなす分離の感覚が消える。「あなた」がこの宇宙的幻想を楽しむとき、それは「あなた」の目に輝きをもたらすかもしれないが、実際はそのときにそれを楽しめるあなた、それを見るあなた、それを手にするあなたはいない。劇はその劇中のあなたの役も含めて続いていくが、認識や楽しみや理解の視点が変わり、それを自分の活動や達成だと主張する個人はいなくなっている。残っているのはあなたやあらゆるものとして現れているそれ——あなたの真の〈自己〉——であり、それはもうずっと生の夢へ目覚めている。

この認識はひとりでに起こる。新たな知識は獲得されないが、古い思い込みが脱落する。世界内のどんな努力も、あなたが実際にすでになっているものにあなたを変えることはできない。自我の背後の真実は、あまりに近すぎて調べることができない何もなさだ。調べられないのは、それこそがまさに調べようとする試みがそこから生じている源だからだ。このことがわかると、自分の行動すべてを動かしている主体が虚構の「自分」ではなく、普遍のエネルギー、または真の〈自己〉であることが明白になる。「自分」が存在するという思い込みも、悟りの探求も、この原初的活動エネルギーによる面白半分の活動にほかならないことが誰でもないものによって見抜かれる。探求者の旅における宇宙的冗談は、探求の燃料になっているエネルギーこそがまさに探していたものだったということだ。これは禅の世界では

「牛に乗って牛を探す」という言葉で表される。ウェイ・ウー・ウェイはこれを眼鏡をかけながらそうと気づかずに眼鏡を探すことに喩えたが、そもそも眼鏡をかけていなかったら探しているものも見えない。

それがそれ自体に目覚める。あるいはより端的に言えば、それは〈目覚め〉そのものだ。それは、そのなかで見かけ上のすべての両極がその相互依存性と究極的一元性を明らかにする光であり、そのなかで分離の幻想が溶解する明晰さだ。観照者と観照されるものは融合して観照となり、過去と未来という幻想は溶け去って時間を超えた実在の明晰さとなる。今あるとおりにありながら、生はそれ自体を超える意味を持たない。それは常に完成状態にあり、それと同時に創造の夜明けの朝露のように新鮮だ。

この目覚めが永久に続く超越状態をもたらすことはない。目覚めとはそうした状態のことだという思い込み――それは誰かが経験できることだという思い込み――が悟りの神話を構成している。それが、個別の探求者が存在しているという幻想を維持し、理想の目覚めの探求という罠から抜けられなくしている。

真のあなたであるものは永遠に目覚めながらここにあり、それは非凡なものだけでなく、平凡なもののなかに平凡なものとして存在している。それは単純さと複雑さを超えている。単純さと複雑さ両方の源だ。そのことを示すのに量子力学や理論物理学の理論を使ってもいいし、こんな童歌を使うこともできる。

漕げ、漕げ、舟を漕げ
ゆっくり流れを下って
楽しく、楽しく、楽しく、楽しく
この世はただの夢

もしくはこのようなものもある。

ねえ赤ちゃん、どこから来たの？
全部の場所からここに来た

チャック・ヒリッグは素晴らしくわかりやすい本"Enlightenment for Beginners"（初心者のための悟り入門）でこのことを示し、ウェイ・ウー・ウェイは彼の知的曲芸で読者を感嘆させながらまったく同じ本質を指し示す。透明な水のように、それは我々の持つ概念の網をすり抜ける。それはもっとも小さなものよりも小さく、もっとも巨大なものより巨大だ。

不生で、永遠にあり、永久に自由だ。それはまさに〈一なるもの〉であり、多数という込み入った幻想としてみずからを表現しながら顕現している創造のダンスだ。

自分はこれだと認識することは、究極的には一度も忘れられていなかった何かを思い出すことだ。それはおとぎの国を旅したあとの帰郷であり、実際は一度も去っていなかった場所への帰還だ。それは頭では把握できない謎だが、あなたがすでに密接にそうであるもの——時間、空間、存在、非存在がそのなかでそこから生じる静寂の背景——として認識される。それが真の〈自己〉、逆がないものだ。二のない〈一〉、〈純粋意識〉だ。

「あれは夢だった」神は微笑んで言われた、
「現実のように見える夢だった。
誰もいなかった、生きている者も死んだ者も、
地面もないし、頭上の空もない。
あったのは〈私自身〉だけ——お前のなかに」

米国の作家、詩人　エラ・ウィーラー・ウィルコックス（1855-1919）

あとがき

真理のまさに核心といえるすべてをお前に伝えた。

お前はいないし、私はいないし、高等な存在たちはいないし、弟子はいないし、グルもいない。

Dattatreya's Song of the Avadhut

この本が何かの栄養になった人もいるのではないかと思うが、まだ空腹だと感じている人のためにここに仕上げの言葉を書いておこう。じっくり考えてみてほしい。

探求者の多くが、心から待ち望んでいる「目覚め」に至らずに、スピリチュアルな意味での閉塞状態に一度以上は陥っている。なかには完璧な知的理解に達したと信じている人たちもいるが、それにもかかわらず彼らは自分がすでに完全に目覚めていることを立証してくれる出来事が起こるのを待ち続けている。そうした人々が明らかにわかっていないのは、完璧な知的理解ができる人は存在していないこと、理解があるだけだということ、そして目覚めはすでに完全に今起こっているということだ。これをわからなくさせているのは、個別の人間が本当に存在していて、いわゆる目覚めに到達するためにはその人が何らかの体験をする必要があるという誤った思い込みだ。この〈目覚め〉は、誰かが体験をしたり、何かの境地に至ったり、知識を得たりすることには関係がなく、個別の誰かは存在していないと認識することに関係している。それはこの宇宙全体に気づいている――そしてこの宇宙全体として現れている――分離のない本質に関することであり、目覚めの体験をしたいと願っている人が抱えている観念もその本質に含まれている。〈純粋意識〉はすでに完全にここにあるのだから、確認を待ち望んでいる人物と一体化するかわりに、単に〈純粋意識〉と自分を同一視すればいいのではないだろうか。

厳しい修行をし、さまざまな先生に学び、数え切れないほどのサットサンに通い、適切な本をすべて読んだのに、それでも探求が終わりを迎えないとしたら、「つながり」を見ることが役に立つかもしれない。今の時代の我々ならではの視点から眺めれば、歴史を通じて伝えられてきた多様な教え、書籍、経典相互の関係や類似点がわかる。この「全体像」はどの時代でも手に入ったわけではない。イエスはブッダを知っていただろうか。マイスター・エックハルトは老子について知っていただろうか。ルーミーは菩提達磨について詳しかっただろうか。可能性がないわけではないが、きっと知らなかっただろう。いろいろな声がさまざまな文化から、東洋と西洋から、北と南から、何世紀も前の昔から我々に届くが、すべてが同じ方向を指していて、ときにはまったく同じことを言っていることもある。具体的に紹介しよう。

キリスト教　見よ、神の王国は汝らの内にある。（ルカによる福音書17章21節）

仏教　誰もがブッダである。成就する必要があることは何もない。ただ両目を開きなさい。（ゴータマ・シッダールタ）

禅　自分が今いる場所で真理を見いだせないなら、どこで見つけられると思っているのか？（道元禅師）

タオイズム　大知はすべてをひとつに見る。小知は多くのものに分ける。（荘子）

科学　ベルの不等式は宇宙が根本的に相互連結し、相互依存し、分離不可能であることを示している。（フリッチョフ・カプラ）

チベット仏教　実在というこの果てしない状態以外の状態はひとつも存在していない。

イスラム教　その栄光においては「我」も「我々」も「汝」もない。「我」、「我々」、「汝」、「彼」はすべて同一のものである。（ハッラージュ）

ヒンドゥー教　汝はそれなり。

ユダヤ教　我は在りて在る者なり。

同じ表現が何度も繰り返されていることに心を奪われないだろうか？　すべてはひとつであり、これがそれであり、あなたはそれであるという事実を一貫して示していることに元気づけられないだろうか？　今のこの瞬間は、これらの言葉が差し出していることを受け入れ、あなたを家に招いているのが自分自身の声であることに気づくのに完璧な瞬間なのではないだろうか？　今でなかったら、いつ？

仏心を見出すのは難しくはないが、
ともかくそれを探そうとしないことだ。
仏心が見つかりそうに思える場所を
受け入れたり退けたりするのをやめよ。
そうすれば仏心はお前の眼前に現れるであろう。

『信心銘』禅宗第三祖僧璨の著

悟りとはどのようなものかと質問した人たちが、その返答を聞いてから、「それは単なる言葉、概念です。以前も聞きましたがそれでは足りません。私が知りたいのはそれが実際どんなものなのかということです」と言って答えを退けるのを見たことがある。そのような探求者が待ち望んでいるのは、特別な出来事を通じた確認か、あるいはもしかしたら至高体験なのかもしれないが、そう望むことによって、探している〈目覚め〉がすでに完全に今あるという認識を先延ばしにしている。彼らが見落としているのは、見るということをしているそれ──すべてに共通しているもの──あらゆる現象を維持しているひとつの普遍のキャンバスが今ここにあるという事実だ。それは見かけ上のあらゆる多様性の土台にある基層だ。それはおそろしく平凡なもののなかにある非凡だ。それは共通基盤だ。面白いことに、共通（common）という単語には「ありふれた」と「普遍的」という両方の意味がある。この共通の本質が我々の真の性質であり、それはこの分割のない全体の上に精神がどんな形や多様性を投影していても変わることはない。それはすべてのものを照らす光だが、それ自体を照らすことはできないし、その必要もない。それは魔法の幻影であり、単一性を多様性として、ひとつのものを多として顕現させることのできる驚異だ。それは唯一のアイデンティティ、つまり〈純粋意識〉だ。

最大は最小に等しい。
境界はなく、内側も外側もない。
あるものとないものは同じであり、
それは、ないものはあるものと等しいからだ。
この真実に目覚めなくとも、
それを気に病まないことだ。
自分の仏心が分かれていないこと、
仏心がすべてを裁かずに受け入れることをただ信じよ。
言葉や話、巧みな方法のことなど気にかけるな。
永遠には現在も過去も未来もないのだ。

『信心銘』

真実は、当然のことながらこれらの言葉のなかにあるのではなく、その理解のなかにある。本当に聴き、本当にここにいれば、すべての場所で答えに出会う。それはあらゆるもののなかで、あらゆるものとして繰り返され、何度も何度もこう言う。「すべては〈ひとつ〉。これがそれ。あなたは〈それ〉」

これでも十分でないときは、おそらく自分の疑い深い精神にあと何度かは従うことになるだろう。だが再びその方向に行くのが嫌だとしたら、親しみ深いこうした声は本当に正しいのだと受け入れることになるかもしれない。そういった声すべてが、あなたは本当にあらゆる現象を超えた透明で開かれた空間なのだと断言している。そして180度向きを変え、見ることが生じているその場所を直接見るように、そして単に見えるものだけを気にするのではなく、見るということを思い起こすようにあなたに呼びかける。わかるだろうか。ものごとは常に今あるとおりにある。今のままのこれは受け入れられないと考えているときでさえ、それを拒否するのは不可能だと気づくだろう。これ、今あるまま、受容や拒否以前、言葉や思考が概念として固まる前のこれが、存在の現実だ。それは制限なしに実在する〈意識〉だ。あなたはその広がりであり、それはたったひとつの例外もなくありとあらゆるものを包含していて、そこにはあなた自身に映るあなたの姿、確信や疑念や痛みや快感、そして生じるかもしれない分離の感覚などすべてが含まれる。

もしどんな答えも概念も分離の感覚を揺さぶることがないとしたら、もし探求が行き詰まったのなら、どんな概念にも注意を払わず、今あるものにただ明け渡し、これとして剥き出しで独りでいることがひょっとしたらできるかもしれない。自分が完全に目覚めていることを確認してくれる出来事を待つのをやめ、すでにそうなっているに違いないと単純に受け入れることができるのではないだろうか。個別の自分は存在せず、したがって目覚める必要がある人はどこにもいないと認めるのが近道だ。それを最後の「踏み出さない一歩」と呼んでもいいかもしれない。ラベルをすべて剥がし、頭のなかで姿を変え続ける物語を無視して、変わらずにあり続けるものを見よう。

自分はあれこれだとか、自分はあれやこれやをしているなどと考えるのをやめなさい。そうすれば、自分がすべての源泉であり中心であることがわかり始めるだろう。

シュリ・ニサルガダッタ・マハラジ

シュリ・ニサルガダッタは、いかにして「超越」したのですかと問われたとき、グルからお前は至高の実在であると言われたのだと答えた。そのつぎの質問は、それに関して彼が実際に何をしたのかというものだった。「私はグルを信頼し、そのことを忘れないようにした」と彼は答えた。

このすべてがはっきりとわかり、それでもまだ個別の自分が根本的現実として存在するという思い込みが続いているのなら、繰り返しになるが、その見かけ上の分離を意識しているのが誰なのか、何なのかを直接見ればいい。

自分が実在であるにもかかわらず、私たちは実在を探し続けますが、これほど不可解なことはありません。実在を隠している何かが存在していて、まずその何かが破壊されなければ、実在を把握することができないと考えているのです。なんとおかしなことでしょう！

ラマナ・マハルシ

本の最後まで来たが、私が願っているのは、あなたがみずからの〈自己〉を信頼する勇気、〈純粋意識〉の内容のなかで自分を見失うかわりに〈純粋意識〉と自分は同じなのだと認める勇気を持つことだ。これ、今あるとおりのこれがずっと差し出されている招待状であり、それは分離というまやかしの足かせを振り払い、自由と明晰さのなかにあろうと誘い続けている。

明晰さというのは、探求が脱落して自分が本当は何なのかを認識することを表すのにネイサン・ギルが使っている言葉だ。頭ではもうわかっていて準備は万端なのに扉の前で躊躇している探求者のために彼は短い本を書いたが、そのタイトルは――そう、お察しのとおり――『明晰さ』だ。『明晰さ』の最後の部分を紹介し、この本を終えることにしたい。

まさに今あなたは〈意識〉であり、自分の劇のなかにひとりの登場人物として現れている。

確認が必要だと思っているかもしれない。そんなことはどうだっていい。くつろごう。

あなたはとっくに〈それ〉なのだ。

あなた自身からあなたへ心からの愛をこめて。

訳者あとがき

著者レオ・ハートンの活動について訳者の知る範囲でまず簡単に触れておきたい。探求が終わるまでの彼の物語はこの本の第2章で語られているから、それ以降のことになる。

最初の著書である本書“Awakening To The Dream”が2001年に出版されたあと、著者は本の読者とメールでやりとりを続けながらニュースレターを100号以上発行している。そしてそこに掲載されたQ&A等をまとめた2冊目の著書“From Self To Self（自己から自己へ）”が2005年に発行された。それ以外には、オランダのウェブマガジンで文字ベースのインタビューを何度か受け、ネットラジオ番組に一度だけ出演している。

ほかの教師たちの多くと違い、彼は基本的にサットサンやトークをしていない。著者と直接会って話したあとで探求が終わったというオランダの女性がいるのだが、その人によればそうした面談は例外であり、いわゆるミーティングに関してもフランスの友人のためにパリで2回開いたのがすべてだろうということだった。

さて、序文をトニー・パーソンズが書いていることからも推察できるように、レオ・ハートンはノンデュアリティの表現者としては「ラディカル」というカテゴリーに分類されることが多いようだ。そうした立場が表れている文章をニュースレターから引用してみよう。

ここで言われているのは、人が幻影であるということ、人の本質を見抜くことであって、人に方法を提供することではありません。人が自分自身に取り組んでうまくいく確率は、わながそれ自体を捕まえるのに成功する確率と同じくらいでしょう。〈そこ〉に到ろうと努力することの問題は、その努力によって、自分がそこにはいないということが自動的に確かめられてしまう点です。そうした努力によって、分離したあなたが実際に存在するという観念、いつかどこかに到らなければいけないという観念が強化されてしまいます。これにより、分離と時間の幻想が続くことになります。

こう聞くと、「できることは何もない」「個人は存在しない」「いかなる努力も無意味だ」といった表現で本書のすべてのページが埋め尽くされているのではないかと想像してしまう。だが、すでに本文を読んだ人ならおわかりのように、決まり文句を単純に繰り返すかわりに、分離が本当にあるのかどうか、自分の本当のアイデンティティは何なのかを探求者の視点でいろいろな角度から調べるという方法が本書では提供される。この本について直接説明したものではないが、「調べる」ことに関して著者が考えを述べているQ&Aが2004年のニュースレターにある。

Q. 悟った先生たちの言うことは、なぜいつも矛盾しているのでしょうか？　努力せよという人もいれば、努力は邪魔になるという人もいれば、（略）瞑想等をしなければならないという人もいれば、できることは何もないという人もいます。誰を信じればいいのでしょうか？

A. （略）何かをしたりすることで、分離や「まだ到達していない」という観念が維持されます。ただし、「あなたには何もできない」と言うつもりもありません。私が言うとしたらそれは、何かをすることができるような分離して存在するあなたというものが本当に存在するのかどうか調べてみてはどうでしょう、ということです。もしこの分離して独立した「私」が見つからないとしたら――そしてそのことが完全にはっきりと認識されたら――、探求も努力も自然に消えていくはずです。

そしてそうした調査、検証を進める上では、著者からのさまざまな問いかけに加え、古今東西の経典や作品からの引用がこの本には数多く登場する。ニサルガダッタやアシュターヴァクラ・ギーターといった定番にとどまらず、ペルシャの古い詩人やT・S・エリオットの詩もとり上げられ、豊かで多様な色彩が展開している。理解の助けとして読むだけでなく、それぞれの味わいや余韻そのものを楽しむ読者も多いかもしれない。

もうひとつ本書で際立っているのが比喩の多さだ。海と波といったよく見かけるものもあるが、ともかくわかりやすい比喩がつぎつぎと飛び出す。悟り、自我、瞑想、修行、グル、観照、生と死、身体といった広範囲に渡るトピックを扱いながら決して飽きさせないのは、そうした親切な作りのおかげもあるだろう。

ところで訳者は一時期、ネットラジオ「Urban Guru Cafe」に著者が出演した回の録音を電車等に乗るたびに繰り返し聴いていた。内容自体も興味深かったが、それよりも彼の話しぶりから感じる軽やかさとユーモアに魅了されていたのだと思う。その回から短いくだりを紹介したい。

気づきとしての私は、自分自身にとっての対象（客体）にはなりえません。私は究極の主体であって、そしてそれでないものは何もありません。（略）でもこういったことを話すと、何かをすでに知っている人間と、それをこれから見つけ出さなければいけない人間がいるという幻想を助長するようです。ということで、これについて話すことはそれ自体が矛盾をはらんでいます。でも、こうやってしゃべっている（笑）。

ユーモアでさらに思い出すのは、彼が7年ほど発行を続けたニュースレターに毎号掲載されていたジョークや一コマ漫画だ。宗教や死や性を題材にした少々際どいものも多かった。たとえばこんな感じだ。

ウィスコンシン州に住むビジネスマンのジョンソン氏がルイジアナ州に出張した。ルイジアナに到着した氏は、すぐに妻のジーンにメールを送った。だがまずいことに彼は文字を打ち間違えてしまい、そのメールは伝道師だった夫を亡くしたばかりのジョーン・ジョンソン夫人に届いた。ジョンソン夫人は、そのメールをひと目見るなり卒倒した。ようやく意識を戻すと、ジョンソン夫人は怯えたようにメールを指差したが、そこにはこう書かれていた。

「無事に着いたんだが、ここまで来るとたしかに高温だ」

探求にはそもそも、「探しているあなたがじつは探されているものである」という「宇宙的冗談」とも称されるユーモラスな側面がある。だが探求をしながら何かをわかろうとしたり何かが起こるのを待っていたりすると、独特の徒労感や焦燥感に圧倒されそうになることもある。この本を手に取る人なら心当たりがあるかもしれない。そんなときにこうした表現に接すると深刻さが抜けて楽になる。そして視界が少し広くなる。本書ではそういった面が必ずしも十分には表現されていないため、余計かもしれないが加えておきたくなった。

ここで、引用の出典情報に少なくともひとつ誤りがあることを付記しておきたい。第19章の後半に松尾芭蕉の句とする引用があるが、これは実際は中国の禅の詩であるらしい。参照した書籍で誤って引用されていたものを二次引用したと推測できるが、本書を著した時点での著者の認識を尊重し、また学問的厳密性にこだわらないある種の鷹揚さを記録する意味で、特に修正はしていない。

また、引用されている古典や講話録の多くについては優れた邦訳がすでにあるため、それを借用することも検討したが、すべて新たに訳し出すことにした。特に『ルバイヤート』の「英訳」のようにエドワード・フィッツジェラルドによる独自創作と呼んでも差し支えないものや、中国の古典については、著者が触れていたのはペルシャ語や中国語等の原典ではなく英訳だと考えられるため、本書で引用されているとおりの英語から訳した方が適切だと考えた。ただし今回の訳出にあたっては、新旧の邦訳を参考にしている。

英米のネット書店では本書に対する絶賛のレビューが多く投稿され、またセイラー・ボブからは「共鳴と認識の大きな歓び。見事だ！」という賛辞が寄せられている。「この本は小さなひと押しになりえるし（略）適切な瞬間に届けられたとしたら（略）目覚めのきっかけになることもありえる」と第3章に書かれているが、果たして日本でどのように読まれることになるのか楽しみである。

著者は2018年の秋に膵臓がんと診断され、それから間もなく亡くなった。この邦訳本の完成を報告できなかったことは残念だが、以前ニュースレターのQ＆Aをいくつか和訳する許可をもらうために連絡したときの、「これが僕の文章を日本語にする最初の試みになるね！」という嬉しそうな返信を思い出す。この本の内容について質問した際も、すぐに快く教えてくれた。それらのメールはつぎのような言葉で結ばれていた。これはネットラジオ「Urban Guru Cafe」で彼が終わりに言っていた言葉でもある。

Have a great Now!（素敵な〈今〉を！）

最後に、自由に好きなように訳すことを許してくださったナチュラルスピリットの今井社長、今回もお世話になった編集や事務の方々、そして原著を出版したノンデュアリティプレスのノイス夫妻に心から感謝申し上げます。

２０１８年12月

古閑博文

参考文献一覧

Arberry, A. J. 訳 Doctrine of the Sufis. 1979. Cambridge University Press
Balsekar, R. Sin And Guilt. 2005. Zen Publications (『人生を心から楽しむ―罪悪感からの解放』マホロバアート)
Barks, C., Moyne. J. and Arberry. A. J. The Essential Rumi. 1994. Penguin Books
Byrom, T. 訳 . The Heart of Awareness. 1990. Shambhala Publications (『アシュターヴァクラ・ギーター』ナチュラルスピリット)
Bohm, D. Wholeness and the Implicate Order. 1981. Routledge & Kegan Paul (『全体性と内蔵秩序』青土社)
Chopra, D. The Love Poems of Rumi. 1998. Random House
Drucker, A. 編 Self-Realization. 1993. Sat Towers Publishing
Feng, G. and English, J. 訳 Tao Te Ching. 1972. Wlldwood House Ltd.
Fitzgerald, E. The Rubaiyat of Omar Khayyam
Frydman, M. 編 I Am That. 1973. Chetana Publications (『アイ・アム・ザット 私は在る―ニサルガダッタ・マハラジとの対話』ナチュラルスピリット)
Gill, N. Already Awake. 2004. Non-Duality Press (『すでに目覚めている』ナチュラルスピリット)
Godman, D. The Power of the Presence. 2000. David Godman
Guillaumont, A. The Gospel According to Thomas 1959. Harper & Row
Hillig, C. Enlightenment for Beginners. 1999. Black Dot Publications
Ladinsky, D. Love Poems from God. 2002. Penguin Books
Lewin, R. In the Age of Mankind. 1988. Smithsonian Institution
Liquorman, W. Acceptance of What Is. 2000. Advaita Press
Longchenpa. You Are the Eyes of the World. 2000. Snow Lion Publications.
Loy, D. Nonduality: A Study in Comparative Philosophy. 1997. Humanity Books
Menon, Sri Atmananda Krisna. Atma Darshan. 1946. Sri Vidya Samiti
Norbu, Chogyal Namkhal. Dzogchen: The Self-Perfected State. 2000 Snow Lion Publications

Parsons, T. As It Is. 2000. Inner Directions Publishing
Prasad, Dr. R. 訳 The Bhagavad-Gita. 1988. American Gila Society
Rossetti, D.G. 編 William Blake, Poems. 1863.
Talbot, M. The Holographic Universe. 1992. Harper Collins（『投影された宇宙—ホログラフィック・ユニヴァースへの招待』春秋社）
Weddell, N. The Unborn: The Life and Teachings of Zen Master Bankei. 2000. North Point Press
Watts, A. The Way of Zen. 1999. Vintage
Wei Wu Wei. Posthumous Pieces. 2004. Sentient Publications
Wei Wu Wei. Fingers Pointing Towards the Moon. 2003. Sentient Publications
Wei Wu Wei. Why Lazarus Laughed. 2004. Sentient Publications
Whitman, W. Song of Myself（岩波書店『ホイットマン詩集—対訳』等に収録）

以上

レオ・ハートン　Leo Hartong
1948年、オランダのアムステルダムで貧しい夫婦のもとに生まれる。自宅で降霊術がおこなわれるなどスピリチュアルな環境で幼少期をすごす。10代でハシシをおぼえ、問題児として行政の矯正施設に入れられるが、脱走して路上生活を経験。結婚し子どもをもうけ、陸路でインドまで旅をするなどの生活を送る。読書や瞑想を重ね、ウェイン・リカーマンらのミーティングに通ううちに現実と自己の本質に目覚める。ウェブサイト https://www.awakeningtothedream.com にてニューズレターを発行し、本書のほかに“From Self To Self”（Non-Duality Press）を著した。2018年に膵臓がんのため他界。

古閑博丈　Hirotake Koga
鹿児島県生まれ。訳書に『気づきの視点に立ってみたらどうなるんだろう？』『ダイレクトパス』『オープン・シークレット』『ただそのままでいるための超簡約指南』『すでに目覚めている』（ナチュラルスピリット）、『わかっちゃった人たち』（ブイツーソリューション）他。

夢へと目覚める

●

2019年2月13日　初版発行

著者／レオ・ハートン
訳者／古閑博丈

編集／山本貴緒
DTP／山中 央

発行者／今井博揮

発行所／株式会社ナチュラルスピリット

〒101-0051 東京都千代田区神田神保町3-2　高橋ビル2階
TEL 03-6450-5938　FAX 03-6450-5978
E-mail　info@naturalspirit.co.jp
ホームページ　http://www.naturalspirit.co.jp/

印刷所／創栄図書印刷株式会社

ISBN978-4-86451-291-6　C0010
落丁・乱丁の場合はお取り替えいたします。
定価はカバーに表示してあります。